ルポ　学校がつまらない

ルポ 学校がつまらない

公立小学校の崩壊

小林美希
Miki Kobayashi

岩波書店

はじめに

学校がつまらない、学校に行きたくない——。いじめなどの明確な理由がなく学校を「拒絶」する子どもたち。親も担任も理由が分からず、途方に暮れる。そんな現象が、公立の小学校で広がっている。本書に先行し、筆者は雑誌『世界』(2022年11月号)で「子どもたちの拒絶」をルポした。子どもたちが学校を嫌がるのは、画一的な教育によるところが大きい。

筆箱は無地でなければいけない、給食を残す時に担任に謝り許可をもらわなければならない、赤白帽子や体操服を忘れたら体育の授業は見学しなければならない、水泳の授業の参加には水泳カードに必ず保護者の印鑑が必要、児童同士のケンカが起こると居残りで話し合って「ごめんね」「もういいよ」が強要される。こうした「謎ルール」に縛られて、子どもたちは息を詰まらす。学校や教員の側が既存のルールに縛られていると思考が停止し、そのルールが意味を持つのかどうか説明できないまま画一的な指導になってしまう。だから、学校がつまらなくなる。

学校によっては「規律を守らせる」というように「〇〇をさせる」と、子どもを従わせようとする。

集団生活のなかでルールを学び、ルールを守ることは必要なことだが、子どもの人権が無視される形で子どもを型にはめこむ管理型の教育になっていく。そして、「右へ倣え」の教育現場では、教員の思う「普通」から外れてしまうと「公立に合わない」「通常の学級に合わない」という烙印が押される。

教員に余裕がないばかりに、ただ手がかかりそうな子どもが特別支援学級を勧められるケースがある。まだ担任との信頼関係が構築されていない小学1年生の4月、少し怒りっぽい、落ち着かずじっと椅子に座っていられないというだけで、担任が「皆と同じにできないから発達障がいだろう。特別支援を受けたほうがいい」と親を誘導する。学校側は発達障がいのスクリーニングをしたがり、発達の検査を受けるよう親に勧める。型にはめようとしてもはまらない、教員から見た「普通」にできない小学校の児童が望まない形で教室から排除されようとしている。受け入れる側の発達支援の現場では、「ここに来なくていい子が増えている。小学校の通常のクラスで過ごすことができる子どもが送られてくる」という戸惑いが隠せない。

「皆と同じように」を求められる教室で、発達障がいのある子どもは、より辛くなる。文部科学省の「通常の学級に在籍する特別な教育的支援を必要とする児童生徒に関する調査結果について」から、発達障がいの可能性のある子どもがクラスに平均3人いるという計算になる。障がいのあるなしにかかわらずすべての子どもが一緒に学ぶ「インクルーシブ教育」は、身近なテーマだ。文部科学省は、基本的な方向性として障がいのある子どもと障がいのない子どもができるだけ同じ場で共に学ぶことを目指すべきとしているが、現実はどうか。

大人が管理しやすいよう子どもを型にはめていく。自分らしくいられないという苦痛が不登校になって現れることもある。文部科学省の「児童生徒の問題行動・不登校等生徒指導上の諸課題に関する調査結果」によると、年度のうち30日以上を休む「長期欠席」のなかで新型コロナウイルスの感染回避による欠席を除いた不登校の小中学生は、２０２２年度で29万９０４８人となり前年度より５万４１０８人増えている。不登校の小中学生は10年連続で増加し、過去最高となっている。

子どもたち一人ひとりを丁寧にみることが必要とされる一方で、学校の規模が大きくなって教育体制が管理型になる傾向が強まり、子どもたちが息苦しさを感じるという問題が起こっている。学校教育法が変わったことで２０１６年度から新たにできた公立の小中一貫の「義務教育学校」のなかには、児童や生徒が１０００人もいる学校ができ、子どもたちは荒れ、教員が必要以上に「起立、礼、着席」と号令をかけて統制を図ろうとするため、まるで軍隊のようになっている。「あの学校に子どもは入れたくない」と、私立中学の受験が増加している地域がある。

小中一貫校でなくても、公立小学校に絶望して私立中学へ進学するケースが目立って増えている。東京都内では毎年3~5割もの小学生が私立中学に進学する地域もある。受験塾で点数をとるだけの学習への偏重によって、子ども同士の関係も子どもと学校の関係も歪《いびつ》なものになっていく。

そもそも教員は長時間労働によって疲弊している。教員が精神的に追い込まれ、一人ひとりに目を配ることができず、やがて一律に子どもたちを従わせるようになる。そのなかで、子どもたちが息苦しくなっていく。教育の質の低下とともに教育や指導がマニュアル化し、大人が望むことを子どもが答えるようになる。

筆者は労働問題をテーマに執筆することをライフワークにしているが、教員の「ブラック労働」については広く世に知られるようになってきた。そのため本書では、教室で子どもたちに何が起こっているのか、子どもたちの教育環境がどう変容しているのか、教員の働き方や教員不足から生じる教育の質の低下を中心にルポする。教育現場のなかでも義務教育の始まりの小学校はその後の子どもたちの人格形成にとって重要な場であることから、公立小学校の現実を問う。

まず第1章では、子どもたちが「右へ倣え」といわんばかりに従わされ、規格化される教育現場を追う。小学2年生の児童が図工の時間に皆と同じように絵を描けなかったことで、担任からの攻撃の対象にされていく。児童が忘れ物をすると担任は名指しで「あなたのせいで授業をしない」と言う。

母親が決死の覚悟で子どものランドセルにボイスレコーダーを忍ばせると、録音された音声から担任の言動が次々に明らかになるが、校長や教育委員会に相談しても状況は変わらない。深刻な教員不足のなかでは代替の教員を見つけることができず、多少の問題があってもその教員を異動させることができない。そして、子どもたちを傷つける指導をする教員が教壇に立ち続けることになる。

こうした現状から公教育に失望し「公立の学校はダメだ。中学校も期待できない」と、私立中学の受験を選択する傾向が強まる。続く第2章では公立学校への不信感から過熱する中学受験についてルポする。首都圏では、小学生の約5人に1人が私立や国立の中学を受験して進学している。東京23区が顕著で、文京区では受験進学率が5割を超える。子どもたちは受験塾に通い、先取りして勉強を終わらせるため、学校以外のほとんどの時間を塾の勉強に充てている。

大手の受験塾では、月ごとのテストの点数でクラスと席順が決まる。大半の受験塾では5年生までに6年生のカリキュラムを終えているため、子どもにとって学校の授業がつまらない。ベルトコンベヤに乗せられるように勉強を進めるうち「努力している自分が報われることは当然のこと。努力しないで困っている奴を助ける必要はない」という感情が親子に芽生えていく。この流れは地方にも及んでおり、県立の進学高校に附属中学ができることで受験熱が高まっている地域もある。

就職氷河期だった親世代は格差社会の当事者だ。自身の苦労から子どもを「安定したレール」に乗せたいと心配する。それが中学受験の過熱の一因にもなっている。格差社会は早期教育を助長し、保育園運営会社が中学受験塾を買収するに至っている。そうした環境のなかで、子どもたちは次第に荒れていく。子どもの将来のためと多額の費用をつぎ込む、はき違えた〝教育投資〟について問題提起する。

子どもの教育環境を作っているのは大人だが、大人の都合によって子どもたちの教育環境が悪くなるばかり。第3章で公立の小中一貫校ができたことによる制度疲弊ともいえる現場を追う。

2016年4月に改正学校教育法が施行されると、小・中9年間の義務教育を一貫して行う新たな学校の種類となる「義務教育学校」の設置が可能となった。文部科学省の「学校基本調査」によれば、公立の義務教育学校は制度ができた２０１６年度に22校だったものが２０２４年度には２３２校へと増加している。小学校から中学校に移った時のギャップを解消するなどのメリットもあるが、小中一貫校となって大規模化することや小学生のうちに〝早期教育〟が取り入れられるデメリットが大きく、見過ごせない。

小中一貫校では5年生から中学スタイルをとるケースが少なくない。授業時間は小学生は１コマ45分だが、小中一貫校の多くで5年生からは中学生として１コマ50分で進められ、教科担任制が導入される。部活や生徒会も始まる。小学生の最高学年が4年生とされ、５年生以降は〝早期教育〟が実施される。小学校教員が5～6年生を受け持つと中学スタイルに組み込まれるため、負担が重くなる。いつしか都内の教員の間では、中高一貫校のある特定の地区への異動が「島送り」「服役中」と揶揄《やゆ》されるようになった。

このような小中一貫校の増加は、自治体の財政問題によるところが大きい。校長や副校長が学校単位で配置されるため、学校を統合すれば管理職が少なくて済み人件費を抑えることができる。そもそも国がかける教育予算は十分とは言えない水準だ。文部科学省の２０２４年度の予算は全体で５兆３３８４億円となり、前年度と比べ0.8％増えている。そのうち義務教育費国庫負担金は１兆５６２７億円で全体の29・3％を占めるが、国家予算全体のなかでは約1.4％でしかない。

少子化により小学生の数は減っている。小学校数が減ることは避けられず、ここ数年を見ても毎年、全国で公立小学校が１８０校前後、公立中学校が60～70校も減っている。一方で、前述したように義務教育学校は制度ができた2016年度の22校から2024年度は232校へと増加している。学校が統廃合すれば当然、通学する距離が遠くなる。それは地域社会のなかで子どもたちが大人の目から守られにくくなることも意味する。

「義務教育学校」の増加による〝小学校〟の消失を含め、小学校がなくなることは小学生から小学生らしさを奪い、教員からもやりがいを奪っている。政治家が自身の功績を得るために〝教育改革〟を行い、学力テストの結果ばかりを重んじるあまり、教員にとっても「学校がつまらない」ものとなっている。

教育の質を問うには教員の労働環境の問題は無視できない。なかでも若手の早期離職は深刻で、教壇を降りたまま公教育の世界に戻らないことが人材不足に拍車をかけている。第4章では改めて、教員が置かれる教室や学校の現実を見る。そして、柔軟な学級運営をしようと奮闘し「教育の自由」を実践する教育現場を紹介する。義務教育の小中学校で、もしいい学校と巡り合わなかったとしても、やり直しはいくらでもきく。工業高校に入って初めて勉強の楽しさを知る生徒が多く存在し、工業高校に公教育が目指すべきヒントがありそうだ。教育はいわゆる「いい学校、いい会社」に入るためにあるわけでない。学ぶ楽しさを知ることが質の高い教育であるはずが、それが叶《かな》わない。

私たちが忘れがちな、そして否定しがちな「子どもらしさ」とは何か、終章で問う。子どもが親や教員の言うことを素直に聞き、計画的に勉強してドリルを解き、大人が敷いたレールを歩く。それは、親にとっての安心でしかないのではないか。「遊んでいるのは時間の無駄だ」と、子どもが大人を真似て管理された中で失敗しないで生きていくことを求められがちだが、子どもにとってのWell Being（幸福であること）とは何なのか。

『ルポ 保育格差』で記した「ほいくえん いきたくない せんせい、やさしくない……」の先の小学校で、「学校がつまらない」ものになっている。子どもたちが「学校がつまらない」と拒絶する現実を考える。

目　次

＊文中の写真は、特に断りのない限り、著者撮影による。

第1章

規格化される教育現場

公教育には、一定の教育内容・水準で全国どこでも誰にでも教育が保障されることが求められている。〝標準的な〟教育の実施のために、ある程度、画一的な教育にならざるを得ない面はあるだろう。しかし今、教育の質が劣化しつつあり、一人ひとりの子どもたちの人格を無視するような規格化、画一化される教育現場が「公立不信」を招いている。教員が思う「枠」に当てはまらない、教員の「右へ倣え」の号令に従えない子どもたちが排除され、子どもたちが「学校がつまらない」と拒絶する現場を追った。

〝右へ倣え〟と同じ絵を描かされる

「教室に行って分かったのです。ああ、こういうことだったんだ。皆と同じ絵を描かなかったから息子がターゲットにされたのだ、と」

北関東のある公立小学校で、廊下に貼り出された絵を見た瞬間、田村由紀さん(仮名)の腕に鳥肌がたった。

9月、小学2年生の息子の浩之君(仮名)が図工の時間に担任教師(50代、女性)から「消しゴムを使ってはダメ」と言われて、しゅんとして帰ってきた。由紀さんは、同じクラスのママ友の池田洋子さん(仮名)から「図工の時間に先生が「浩之君の絵が下手だ」と言って黒板に貼り出してみんなの笑いものにしていたと、うちの子が心配していた」と聞かされ、学校に掲示された図工の作品を確認しに行ったのだった。学校でクラスの子どもたちの絵を見た由紀さんは、息子に何が起こっているのか理解した。

図工の授業では絵本『ぞうのエルマー』を題材にして、クラスのほぼ全員が3頭の象と3本の木を同じように描き、木の大きさまで似通っていたのだ(次頁写真)。

「先生は皆に手本と同じ絵を描かせたかったのだろう。息子は〝右へ倣え〟とはいかず、描いた木

クラスのほぼ全員が同じように描いた「ぞうのエルマー」の絵(提供写真，一部加工)

が皆より小さかったことで先生から「下手な見本」として絵を黒板に貼られたのだろう」と、由紀さんは悟った。

浩之君はもともと絵を描くのが好きで、夏休みには絵のコンクールに応募して入賞もしている。由紀さんは学校に相談し、校長、副校長、担任と面談を行うと、校長と副校長は由紀さんに謝った。ところがその1週間後、浩之君一人だけが担任から図工室に呼び出されて、「先生は、皆に意地悪をしていますか?」と迫られた。浩之君は、ただ首を横に振るのが精いっぱい。浩之君を呼び出した後で、担任はクラスの児童を並ばせて順に同じことを聞いていった。浩之君の絵が下手だと担任が言ったことを誰が保護者に言ったのか、その犯人捜しを行ったことが分かった。

泣きながら帰宅した浩之君は、翌日は「学校が怖い」と言って欠席した。由紀さんの夫が学校に連絡をすると、複数の保護者から担任の犯人捜しについて苦情が来ていたことが分かった。浩之君は「自分だけ怒られる」と、布団のなかで泣きながら「ぼく、どうすればいいの」と震え、しばらく学校に行くことができなくなった。

思えば由紀さんは、始業式の日から担任の指導する様子が気になっていた。始業式が終わって一斉下校するため、子どもたちは登下校班の列に並ぶよう指示された。うまく並べなかった浩之君に対し、担任が後ろからランドセルをつかんで強く揺さぶりながら「先生は言うことをきくまで言うからね、先生はしつこいからね」と叱責している場面を、由紀子さんは見ていた。ただ、慌ただしい時期であり担任はベテランの教員ということもあって、その時は多少の疑問を感じつつも、やりすごしていた。

４月下旬になると、浩之君がふいに「学校で先生に動画を撮られた」と口にした。どういうことだろうかと疑問に思ったが、それ以上のことを浩之君は話さなかった。学校に併設されている学童保育に迎えに行くと由紀さんは担任から呼び出され、「休み時間が終わってもふざけていたので、親御さんに見てもらえるように動画を撮りました。実際には撮れていなかったんですけど」と注意を受けた。担任に詳しく話を聞くと、教室で休み時間に色鉛筆で遊んでいたのが楽しくて授業のチャイムが鳴っていたのに気づかないまま遊んでいたため、担任が動画を撮ったということだった。担任は動画を撮りながら「ママに見てもらうよ」と言っていたという。

子どもを注意するため動画を撮ることは不適切な指導ではないかと感じた由紀さんは、校長に相談。校長は担任に動画撮影をやめるよう注意したが、それは続いた。浩之君は普段から嫌なことがあっても自分からは話さないため、帰宅してから学校で何があったか聞くようにすると、他の日にも黒板の板書をノートに書き写すことが遅い時や、算数の授業で分からないことがあって落ち込んでいる時などに動画を撮られていたと、ポツリ、ポツリと言葉にするようになった。

「これは指導の範囲を超えているのではないか」。そう感じた由紀さんは、改めて校長に相談したが、校長は動画の撮影について「クラスだよりに載せるために撮っているのだろう」と担任をかばうようになった。

知り合いから担任の情報を収集すると、「声が大きく管理職の言うことを聞き入れない」という評判だった。違う学年のママ友に以前の様子を聞くと、給食の食べ方がよくないことを注意する時に「この教室には人間じゃない人がいます。犬食いと言います。そういう人は犬になります」と言われた子どもが、それ以降、クラスメートから「犬」と呼ばれていじめられるようになってしまったという。ママ友は「先生に何か言っても変わらないと思う。我が強すぎて、校長だって指導できない。子どもをつるし上げにするようなクラス運営は変わらない」とあきらめていた。それでも何かできることはないかと教育委員会に電話をすると、「あー、あの先生ねー」と、既に誰かが問題を指摘しているようだった。

学校が嫌、先生が怖い

同じクラスの健太君(仮名)も４月下旬から「学校、嫌だ」と言い始めた。そのうち浩之君と健太君は支え合い、互いの存在を頼りにして頑張ろうという関係になっていった。

５月中旬に由紀さんが学童保育にお迎えに行くと、浩之君が憔悴《しょうすい》しきった様子で待っていた。担任からは、「鎌を使って雑草を刈る作業をしていたら友だちを傷つけました。鎌が当たったら死ぬんだよと注意しました」と報告があった。担任は「お子さん、どうなっているんですか」と、きつい口調で由紀さんを叱責する。由紀さんは「すみませんでした」と謝るしかなく、浩之君も反省している様子。よくケンカをしてしまう友達だったため、「ああ、また、あの子とトラブルか」と、ため息の出る思いがしたが、傷の程度を聞くと担任は「傷は確認していない」と言う。

傷つけたとされるクラスメートの母親に電話をして謝ると、「ケガなんてしていませんよ。なんともなっていませんよ」と言う。いったい、どういうことなのか。由紀さんが他の子どもたちに尋ねていくと、作業が終わる時に鎌を上げたら隣の子の腕に当たっただけで、周りの子が「鎌が当たった」と騒いだため、遠くにいた担任が近寄って鎌を取り上げ、状況を確認しないまま「死ぬよと叱った」ということだった。

その後、担任と会った時に再確認すると「見ていませんでした」と言う。息子が鎌で友達を傷つけたと思い込んでいた由紀さんは、結果的には必要以上に浩之君を叱りつけてしまい、浩之君も「自分が友達を殺してしまうかもしれない」と思い込んでショックを受けていた。それ以降、浩之君は「先生、怖い！　怖い！」と言うようになった。「いったい、なんだったのか」というモヤモヤした感情が残ったまま、夏休みに入った。

9月に入って新学期が始まると、浩之君が帰宅してから家でよく泣くようになった。ある日、家で宿題をしている途中で「ぼくは、なんで勉強ができないの？ なんで、みんなみたいに覚えられないの？」と言って激しく泣き出した。普段は自分から学校のことを話さないタイプの浩之君が懸命にうったえるため「学校で何かあった？」と聞くと、またも「先生に動画を撮られた」と言うのだ。今度は算数の時間だった。テストの点数が悪いと、「そんなのも出来ないの？」と言われて、教室で立たされたという。夏休みが終わった9月以降、担任の態度はもっと酷くなっていった。浩之君が怒られていた日のノートには、ポタポタと落とした涙がにじんだあとが残っていた。

健太君も「自分だけ怒られる」と思い込んで、やはり浩之君と同様に布団のなかで泣きながら「僕、どうすればいいの」と震え、数日、学校に行けなかったことがあった。宿題やテストで間違うと赤で大きくバツが書かれることも健太君の心を傷つけた。学校を休むと担任から電話がかかって来て、保育士である母親の洋子さんに、「お母さん、共働きだからお子さんのこと、見ることができていないんじゃないですか。同業者なんだから勝手に教育委員会に行かないでくださいよ」と牽制する。保護者面談では常に子どもの悪いところばかり指摘され、子どもの良い面を見てはくれていないと洋子さんは感じていた。

授業参観に出席すると、教室では算数の答えを黒板に書くよう担任が指導していた。児童が「どう書けばいいですか」と担任に尋ねると、親が見ている目の前で「へ？ 分からないの？」と馬鹿にする口調で冷たくあしらう。そのうち、積極的に手をあげて答えようとするタイプの子も次第に自信をなくし、手をあげることを怖がるようになっていくのが分かった。

健太君は帰宅すると、母親の洋子さんに学校であったことを細かく話してくれた。友達の浩之君が担任から受ける理不尽な言動についても許せず、浩之君を代弁するかのように母親に報告しながら健太君は悔しがった。それを見かねた洋子さんも、10月に校長と担任と話し合いの場をもった。息子の友達である浩之君のことについても「先生が浩之君を怒っている。泣いていたら動画が撮れない。おうちの人に見てもらえないでしょ」と言っていたことを校長と担任に告げると、担任は「そんなこと言ってない!! 自分は間違っていない。子どもが嘘をついているのではないか」と反論した。

担任の言動について由紀さんと洋子さんは教育委員会に相談したが、何の対応もしてはもらえなかった。校長や教育委員会に何度も相談して担任への指導などを要望したが、「先生を良いと思っている保護者もいます。特定の人が言っているだけではないですか」と暖簾《のれん》に腕押し状態。しかしターゲットにされた児童はクラスに5～6人はいた。ある女の子は音楽の時間にうまく歌えずに責められて泣いていた。担任は「泣いてごまかさないで！」と声を張り上げていた。担任は、女の子の母親に特別支援学級に通ったほうがいいと言い始めた。仲のいい友達が叱責されている様子を見るのがつらい浩之君の精神状態は、みるみるうちに悪くなっていった。

ボイスレコーダーで判明した事実

何か問題が起こって話し合いの場をもつと、担任は「私はそんなことしていません」と言うばかり。業を煮やした由紀さんと洋子さんは、11月から子どもにボイスレコーダーを持たせると決意し、ランドセルにボイスレコーダーを忍ばせた。すると、担任の不適切な言動が次々に明らかになっていった。担任は常日頃から10分以上にわたって子どもたちを叱り続けていた。長い物差しをバンバンと机にたたきつけていることもあるようだったが、校長が見回りにくればそんなことはしない。担任についての苦情が寄せられた日の後の朝の会では、担任が「○○君は、おうちで先生の悪口を言っているみたいです」と皆に話していた。

浩之君が黒板の板書を書き写すのが遅いと、担任は浩之君に直接注意するのではなく、「浩之さーん、ここまでしか書いてないですねぇー。これで、いいんでしたっけぇー?」とクラス全体に向かって言い、児童の皆が「ええ〜」と呼応する。そして、何人かが率先して「ダメだと思いまーす!」と声をあげるのだ。浩之君は〝悪い手本〟としてつるし上げにあい、クラスの皆は先生が攻撃する浩之君を攻撃する。

こうした音声を聞いた由紀さんらは「ああ、クラスの友達は自分が次のターゲットにならないように自分を守っているのではないか」と感じた。周囲の子は、浩之君の様子を見て何かにつけ担任に告げ口するようになり、ただティッシュを忘れただけでも大げさに揶揄《やゆ》するようになった。「浩之君は皆と同じにできないダメな子だ」と攻撃の対象となった。

2年生の後半には、テストの点数がとれない児童が標的となった。担任は「そんなのも出来ないの？」と浩之君を立たせた。それを友達がマネするようになり、テストの点数が悪い浩之君に友達がわざわざテストを作って解かせていた。それは決して親切心からではなかった。浩之君は、友達が作ったテストを破いてグチャグチャにまるめて学童保育のゴミ箱に捨てていた。学童保育のスタッフが発見して由紀さんに渡してくれたことで発覚したことだ。浩之君に聞くと、「破いてごめんなさい」とひたすら謝っている。

道徳の授業でイソップ物語の「金のおの」がテーマにされた時は、担任が何度も何度も健太君の席の横に来て「この中に嘘をついている人がいます。親に怒られないように嘘をついているでしょう」と大きな声で言う。それに耐え切れず健太君が「1回嘘をついたことがあります」と口にすると、まるで鬼の首を取ったように「ほらね！　嘘ついてるでしょ！」と攻め立てた。担任は「あなたの、そういうところが可愛くないのよ」と言い続け、翌日、健太君は学校を休んだ。

図工の時間、新聞を2部持ってくるよう言われ、忘れてきた児童がいると「今日は○○さんが新聞を忘れたので、図工はやりません！」と怒る。誰かが教科書を忘れると、担任が「○○君が忘れました」と先導してクラスの児童全員に「○○君が忘れました」と復唱させた。浩之君が、授業に必要な宿題を忘れてしまった時も担任は「みんなやってきたのに今日は浩之君が忘れたので、授業はやりません」と言った。

由紀さんや洋子さんは心穏やかではいられない日々を過ごしていたが、12月、子どものために徹底的に闘わなければと思わせる音声を聞くことになった。

「ななしのごんべえ。これ、本当の名前じゃないですよね。戒名って知っていますか？　仏壇にあるものですよ。死んじゃった人が名前を変えることを戒名と言うんです」

こう言って担任は算数のテスト用紙に名前を書き忘れた児童を注意していた。担任は空欄だったテスト用紙の名前の欄に赤字で「ななしのごんべえ」と書き込み、その答案用紙を見せながら「戒名」だと言って、クラスの皆に名前を書き忘れないよう指導していた。ボイスレコーダーにはっきりと録音されていた担任の言葉に「教員としての資質がない。教壇に立つべき人間ではない」と確信した。

日常的に、宿題やテストを間違えると大きなバツ印がつけられる。赤いペンで二重に線が引かれて消されることもある。タブレットの充電を忘れれば「タブレットの充電を１００％にしてこなかった人がいます」と名指しされ、12月後半からは忘れ物をすると給食のおかわりができない、休み時間に外遊びをしてはいけないなどの罰が与えられるようになった。

人材不足で放置される不適切指導

2月に入ると、保護者からの指摘について担任が「私、名誉毀損で訴えられるんですって―」「先生も悩み事があって弁護士に相談しようと思っているんです。あることないこと言う人がいるので」

と教室で児童に向けて話している様子も、ボイスレコーダーに残っていた。まだ2年生の子どもたちに「弁護士」も「名誉毀損」も意味は分からない。

保育士でもある洋子さんにとって、広い意味では仲間であるはずの教員が信用できずに子どもにボイスレコーダーを持たせることには、大きな葛藤があった。しかし、担任から嘘つき呼ばわりされて気に病む健太君のことを考えると、証拠を残して闘わなければという覚悟ができていた。息子を助けなければならない。最初は健太君に内緒でランドセルにボイスレコーダーを忍ばせたが、しばらくして「ごめんね。でも、今は必要なことだから、ボイスレコーダーを持っていくよ」と打ち明けた。健太君は「僕、持っていきたい。だってママに本当のことを聞いてもらいたい」と同意し、音声がよく録音できるよう洋服の胸ポケットに入れた。

「絶対に落としちゃダメだよ。お守りだからね」――。

学校では浩之君が静かに過ごしていたとしても、近くで他の子が鼻歌をうたっていると担任は相変わらず浩之君に対して「話が聞けないんだよねぇ。鼻歌をうたっているよね」と濡れ衣を着せて高圧的な態度をとる。何か忘れ物をしたり、担任にとって気に入らないことがあると廊下に立たされ続けた。

2年生も終わりが近づくと、浩之君はクラスのなかで自分が不当な扱いをされていることを理解し始めた。浩之君には発達障がいがあることが分かり、3年生から定期的に、発達支援を受けるための「通級指導教室」に通うことになった。強いストレスを感じると、浩之君は頭の中に敵が出てくるという。そんな時は100円ショップで買った剣を携えて、「シュッ、シュッ」と言って頭の中の敵と戦っている。ストレスから不安が強くなり、一緒に買い物に行って「ここでちょっと待っていてね」と頼んでも「ムリ、ムリ、ムリ！」と言ってついてくるようになった。就寝前には5〜6回トイレに行くようになった。

「ぼく、もう学校に行かなくてもいい？」という浩之君の言葉に、由紀さんはうなずくしかなかった。そして修了式の1週間前、もう学校には行かず前倒しで春休みに入った。浩之君は学校で嫌なことをされても相手を悪く言わず、むしろ自分が悪かったのだろうと思うような子どもだったが、それも限界になっていた。これは発達障がいのために鈍感でいられただけかもしれない。一方の健太君は担任に対して完全に心を閉ざした。筆者が健太君に会った時には暗い表情を見せ、「先生は嫌だった」とうつむいた。

2年生が終わる頃、由紀さんと洋子さんは担任の言動について録音があることを教育委員会に告げ、学校との話し合いで3年生の進級時に担任を変えてもらうことができたが、それで問題が解決するわけではない。3月31日に公表される教員の異動一覧を見ると、担任の名前はなかった。翌年度も同じ学校で1年生の担任を持ったのだ。

「ここまでして、やっと担任が外れただけです。やれるだけのことをやっても、異動もない。4月から違う子がまた犠牲になるだけ」

その予感は的中した。その後も児童を強く責め立て泣かせるなどの行為が続いていることが伝わってきた。教育委員会も学校側も頻繁にクラスを見回り指導すると約束はしたが、効果があるとはいえない状況だ。

「また同じことを次に担任したクラスでもしているのです。公立学校の教員は公務員だから、よほどの事件でもなければクビにはならない。教壇に立たないでほしいと願っても、教員不足では難しいのでしょうか」と、由紀さんと洋子さんは深いため息をつく。

健太君は、2年生が終わる3学期の修了式に「ママー！　終わったー!!」と飛んで帰ってきた。そして、担任について「大人って、みんなああなの？」と不信感を募らせるため、母親の洋子さんは「まだ小学2年生の子どもに、こんな思いをさせてしまった」と胸が痛んだ。

文部科学省「公立学校教職員の人事行政状況調査」によれば、2022年度に「指導が不適切な教員」と認定されたのは全国の小学校のなかでわずか22人。在職者全体の0・0006％でしかない。浩之君や健太君の住む県で不適切教員と認定されたのはゼロだった。浩之君や健太君たちが受けた指導は、適切なものと言えるのだろうか。

ある教育関係者は「教員が心身の不調で休職しても代替の教員が見つからず、副校長や校長が授業をしている現状もあります。そうしたなかで、たとえ資質のない教員がいても、代わりの人材がいないと打つ手がないのです」と苦しい胸の内を語った。浩之君が通う小学校がある県でも2024年度の公立小学校の教員選考試験の志願者数は前年度より大幅に減っており、代替教員が見つかるような状況ではない。

文部科学省が行った「「教師不足」に関する実態調査」では、学校に配置すべき教員定数に対して実際に配置されている人数を調査。２０２１年の始業日時点で、全国の小学校で１２１８人が不足していた。岸田文雄政権が２０２３年９月に内閣改造を行った際に文部科学大臣に就任した盛山正仁大臣が教員不足について「妙案はない」と言って波紋を広げたほどだ。

教員不足が深刻になるにつれ、不登校になる子どもは年々増加している。文部科学省の調査によると、年度のうち30日以上を休む「長期欠席」のなかで新型コロナウイルスの感染回避による欠席を除いた不登校の小中学生は、２０２２年度で29万９０４８人となり前年度より５万４１０８人増えている。不登校の小中学生は10年連続で増加し、約半数が90日以上欠席している（「児童生徒の問題行動・不登校等生徒指導上の諸課題に関する調査結果」）。

子どもたちの拒絶が意味するもの

「学校がつまらない」「学校に行きたくない」「学校が嫌」――。

子どもたちは何を拒絶しているのだろうか。教員不足による教育の質の低下によるところは決して無視できない問題だ。そして、教育の質の低下は、教室のなかだけで起こっているのではない。教員を指導する立場のはずの管理職が不適切な行為を行うケースもあり、校長や副校長の人材不足も問題視される。

「息子は「学校、すごく嫌い」と言って不登校気味でしたが、副校長が変わるともっと学校が嫌いになっていきました」

加藤圭一さん（仮名）の息子の祐介君（仮名）は、小学1年生の頃から不登校気味だった。しかし、特に理由がなかった。3年生の2学期は全く登校できず、発達障がいがあるかもしれないと指摘を受けて検査を受けたが、特に発達の遅れなどはなく、校長と相談しながら学校生活を送っていた。

学校を休んで家にいても自分でドリルを進めて勉強できるため、学校に行く意味を見出せない時期があった。学校に定期的にくるカウンセラーに祐介君が「将来はプロの運動選手になりたい」と心を開いても、カウンセラーは「なれるわけがない」と言って、「あなたが学校に行かないことで、親にどれだけ迷惑をかけているか」と説教した。圭一さんも祐介君も、カウンセリングを受ける意味がないと感じた。自治体が行う発達支援の場に不登校児も参加できるため、週に何日か通った。圭一さんは仕事を半日休むなどして、祐介君に付き添った。

学校の校長や副校長、担任と相談しながら祐介君を見守ってきたが、4年生で「学校が面白くない」と言って、登校したり休んだりが半々くらい。ただ、4年生になった時に副校長が変わると祐介君が突然「副校長、嫌い」と言い始め、その他の同級生も「校長のこと嫌いになった。だって、あの副校長を採用したのは校長でしょ！」と口を揃えるのだった。

4年生の担任は副校長から児童を厳しく指導するようにと命じられ、児童らを無理やり従わせていた。怒鳴って声が大きいことが指導力のある教員だと担任が勘違いしていくのが、言葉の端々から伝わった。密室で大人が子どもに強く出ることで子どもが支配され、祐介君の学校への不信感につながっていると思わずにはいられなかった。圭一さんが担任と話していた時、祐介君の不登校について「副校長から「学校に通うという目標を守らせられないお前の指導は甘い」と言われた」とぼやいていた。しかし、その時の祐介君は登校するには心の限界を超えていた。

祐介君は5年生になると毎日学校に通うようになったが学級が崩壊し、次いで隣のクラスも崩壊して学年崩壊という状態になった。5年の1学期、児童たちはまるで学校教員というものに復讐しているかのよう。女子は「今日の服キモイ」と教員を否定し、男子は全く言うことをきかなくなった。教員から注意を受けると「なんで俺!? あいつもやってる!」と反発。パソコンで「死ね」「キモイ」という言葉を他国の言語に翻訳し、教員に言い放っていた。

担任だけでは手に負えなくなった5年生の教室に副校長も指導に入ったが、それがマイナスに働いた。教員に反発する児童を指して副校長は「ああいう奴がいるとクラスがダメになる」と言って児童に暴言を吐いた。発達障がいの一つであるADHD(注意欠如・多動症)と診断されている児童についても、授業に集中できない様子を見て「あいつがいるから授業が進まない」と皆の前で言う。児童や保護者の間では「手をあげる先生」として知られ、児童が中学年の頃にも、授業中の私語に怒って児童の首をつかんで教卓に頭を押し付けるなどの暴力をふるっていた。胸の襟元をつかまれて服が破れた児童もいた。

7月、おとなしい性格だった担任は学校に来ることができなくなってしまった。４年生の間に担任や副校長から抑圧され、無理やり従わされてきた子どもたちが5年生の担任を〝やっつけた〟のだ。圭一さんは「こんなことを成功体験にさせてはいけない」と、荒れる子どもたちに対して指導力のある教員を配置するよう要望したが、校長は「先生がいないんです……。高学年を担任したいという先生はもともと少ない。教員のなり手がなくて、質がどんどん下がっているんです」と困惑するばかり。

登校を渋る祐介君を連れて出勤途中に一緒に学校に行くこともある。他の教員が担任を呼んでくれるが、圭一さんは担任を待つ時間がなく、祐介君は保健室で担任を待たせてもらっていたことがあった。同じようにして祐介君を学校に預けて出勤しようとした圭一さんに副校長は、「子どもと仕事、どっちが大事なんだ！　勝手に保健室に連れてこないように」と激高した。突然のことに圭一さんは、「この場で話すなら音をとります」とスマートフォンのボイスレコーダーをオンにし、「今、子どもと仕事のどちらが大事かと言いましたよね、もう一度言ってください」と謝罪を求めると、副校長は口をつぐんだ。

その頃、激高しやすい副校長が祐介君の友達の一人の首をしめつけて壁にぶつけ、その子の首に青あざを作るという事件が起こっていた。圭一さんが暴力行為を問いただすなど30分ほど押し問答した末、後日、その内容を改めて校長に伝えると、校長も副校長の行為については把握していたが、校長の認識は、「あごに手がかかったのがすべって首にいった」「すでに謝っている」という程度だった。児童の首を抑える行為はあくまで「指導の範囲」と校長は言った。圭一さんは「あざができているんです。机に頭を叩《たた》きつけられたと子どもたちが言っているのに、なぜきちんと対応しないのか」と強い疑問をぶつけた。校長は副校長に信頼を寄せているようで、自分が見たことしか信じない様子。改めて子どもたちへのアンケートが実施されると、3〜4年生のなかの3人が「先生に暴力をふるわれた」と答えた。

学校教育法によって教員による暴力などの「体罰」は禁止されている。児童が危険な行為や反抗的な言動をしていても身体を突き飛ばす、平手打ちする、ボールペンを投げつけるなどの身体に対する侵害、トイレに行きたい児童を教室の外に出さない、宿題を忘れた児童に正座をさせ児童が苦痛を訴えても正座させ続けるなどの肉体的苦痛を与えるものは「体罰」とされる。一方で認められる「懲戒」があり、放課後に教室に残す、授業中に教室内に立たせる、練習に遅刻した生徒を試合に出さず見学させるなどの行為は認められている。また、児童・生徒が教員に暴力をふるった際に教員が防衛のためやむを得ず体をきつく押さえることは「正当な行為」とされる(表1-1)。

体罰について調べていた圭一さんはひるまず、「首を絞められて青あざができたから、親に分かって問題が発覚した」と詰め寄った。圭一さんは、首を絞められた本人からも話を聞いて、どうされたのかを再現してもらい、他の子どもたちが目撃していたことも含めてヒアリングを行い、文書にまとめて学校に提出。子どもたちから証言を取っていたことから、校長も体罰だと認めざるを得なくなった。

圭一さんが校長に副校長の異動を強く迫ると校長は困った様子を見せたが、その春、副校長は他校

表 1-1　何が体罰に当たるか

<table>
<tr><th colspan="3">行為の分類</th><th rowspan="2">想定される事例</th></tr>
<tr><th colspan="2">名称</th><th>特徴</th></tr>
<tr><td colspan="2" rowspan="3">体罰</td><td>傷害行為
（肉体的苦痛）</td><td>授業中ふざけていた生徒を数回注意したが従わず，さらに増長したため，生徒を押し倒し骨折させた／メールで友人の中傷を繰り返したため，事の重大性を分からせるため，頬を平手打ちし鼓膜損傷させた</td></tr>
<tr><td>危険な暴力行為
（肉体的苦痛）</td><td>学級会で協力せず，他の児童の迷惑になる行動をしている児童に向かって，椅子を投げ当てた／柔道有段者の教員が，廊下で反抗的な態度の生徒を背負い投げし床にたたきつけた</td></tr>
<tr><td>暴力行為
（肉体的苦痛）</td><td>試合中にミスをしてチームが負けてしまったことの戒めとして，生徒の頬を複数回たたいた／体育授業中，何度注意しても真面目にやろうとしない生徒がつばを吐いたため，後ろから足を蹴った</td></tr>
<tr><td rowspan="3">不適切な行為</td><td>不適切な指導</td><td>肉体的負担</td><td>宿題を忘れた児童に対し，罰として鼻をつまみ，また忘れたら鼻をつまむと予告した／チャイムが鳴っても教室に戻らず遊んでいた生徒の襟首をつかみ，教室まで連れていった</td></tr>
<tr><td>暴言等</td><td>精神的苦痛・
負担</td><td>授業中，解答を間違えた児童に，「犬のほうがおりこうさん」と馬鹿にした／事情を聴取している最中，答えない生徒に対し，棒で机をたたいたりして威嚇した</td></tr>
<tr><td>行き過ぎた指導</td><td>精神的・
肉体的負担</td><td>毎日，休みなく練習を続けさせ，生徒は心身ともに疲労し，勉強する時間もなくなった／普段練習時間が少ないことから，合宿で経験したことのない長時間の練習メニューを課した</td></tr>
<tr><td colspan="2">指導の範囲内</td><td>肉体的苦痛や
負担を伴わない</td><td>友達に暴言を吐き泣かせてしまった児童を正座させ，両肩を抑えながら説諭した／授業中に騒いで立ち歩く生徒の腕をつかみ，教室の外に連れ出した</td></tr>
<tr><td colspan="2">適切な指導</td><td>懲戒行為，教育指導としての有形力の行使</td><td>授業中に物を投げた児童を注意し、残りの時間を教室後ろに立たせた／大縄跳びの練習中、上手く中に入れない生徒の背中をたたきタイミングよく飛び込ませた</td></tr>
<tr><td colspan="2">正当防衛，正当行為</td><td rowspan="2">肉体的苦痛を伴う有形力の行使</td><td>身だしなみを注意したところ，反抗してつかみかかってきたので，その腕をねじあげた</td></tr>
<tr><td colspan="2">緊急避難</td><td>階段の手すりに腰掛けていた生徒を注意し，腕をつかんだところ，生徒が振り払おうとして転倒した</td></tr>
</table>

（出所）東京都教育委員会「体罰関連行為のガイドライン」より抜粋

に異動した。

「小学校でいろいろなことがありすぎて、「公教育は無理」と感じました。息子に中学はどうしたいか聞くと、地元の公立中学は嫌だと言いました。友達がたくさんいたとしても、抑圧されるなかで過ごすことが耐えられないのです。そして、仲間が副校長から暴力を受けているのを見ていられなかった。子どもが発する「学校が嫌い」とか「学校がつまらない」にはいろいろな意味があるのだと思います。言葉では表現できないだけで感じ取っているのです。子どもが学校に行きたくない理由は、単純なものではないと思うのです」

圭一さんが地域活動などの際に子どもたちに聞くと、9割ほどの子どもが「学校、嫌い」と言う。「なぜ〝大きな声〟の教員が管理職になってしまうのか」という公教育への不信感が募るばかりだ。

滋賀県フリースクール等連絡協議会が2022年11月から23年1月にかけて行った同県内の不登校家庭へのアンケート調査「不登校児・生徒と家庭の実態調査」では、学校に行きづらい、休みたいと思ったきっかけについて「先生のこと」(先生と合わなかった、先生が怖かった、体罰があった、不信感など)がトップで、次いで多いのが「友だちのこと」と「身体の不調」などだった(複数回答)。

文部科学省の調査結果も同様で、前述の「不登校児童生徒の実態調査」(2020年度)では、「最初に行きづらいと感じ始めたきっかけ」は、小学校では、「先生のこと」(先生と合わなかった、先生が怖かった、体罰があったなど)が29・7%、「身体の不調」(学校に行こうとするとおなかが痛くなったなど)が26・5%、「生活リズムの乱れ」(朝起きられなかったなど)が25・7%、「きっかけが何か自分でもよくわからない」

25・5%、「友達のこと」(いやがらせやいじめがあった)22・2%だった(複数回答可)。

「皆と同じ」を求められる子どもたち

「学校がつまらない」と、まだ語彙力のない低学年の子どもたちが必死で抵抗する。その背後にあるのは、公立学校で行われる「皆と同じにして」「普通にして」と規格化された画一的な教育があるのではないか。「普通にできない子」を排除しようとしている教員の言動や、大人の思う「普通」からズレたら追いやられる現実を、子どもたちが拒絶しているのだ。

東海地方の公立小学校に娘を通わす母親は、「何か少しでも皆と同じくできないと否定され、それが嫌で学校に行きたくないというのに、無理して登校しなくても大丈夫ですと言われてしまう」と困惑する。娘は小学校に入学した頃から頻繁に学校に行き渋った。引きずるようにして学校まで連れていくと、校門の前でまるで岩のようになって動かなくなった。

担任が門まで迎えに来てくれることもあったが手を焼き、出席している児童を教室に置いて長時間対応することは難しかった。動かない娘に副校長がバトンタッチして対応に当たってくれた。娘はしばらく外で校庭を眺めていると教室に入ることができた。しかし、メンタルヘルスを崩して他学年の教員が休職すると副校長がそのクラスに入ることになり、娘に対応できる教職員がいなくなった。そのうち、副校長も担任も「無理して学校に来なくても大丈夫ですよ」と言うようになった。

登校できたある日、忘れ物を届けにいくと、娘のクラスではなかったが背が高く体つきのしっかりした男性教員が高学年の児童を廊下に立たせて、大声で叱りつけていた。別の低学年の教室でも女性の教員が「そこ！　おしゃべりしない！」と大きな声を張り上げている。高学年になると学校の行き渋りは少なくなったが、国語や道徳のある日の登校を嫌がった。授業で頑張った点や反省点を記入する「振り返りシート」がある授業では、皆と同じようなことを書かなければ評価されないからだ。

学校だよりに掲載される校長の文章には「規律を守らせる」など「させる」という言葉が頻繁に使われている。荒れている子がいれば、「他の子が教育を受ける権利を妨害している」と非難する内容で、荒れている子とどう向き合うかは書かれていない。虐待防止の期間は、親による虐待にばかり焦点が当てられる。保護者会では、児童が休み時間に遊びのルールを守れないことを注意する教員が「こちらは遊び自体を禁止することもできる」「家庭の役割として注意して」と強い物言いをしていた。その母親は「この殺伐とした雰囲気や、命令に従わされる環境が娘は嫌なのかもしれない」と理解した。

このような状況について、定年退職後も小学校で教えている教員はこう話す。

「教室はある意味で教員の城です。自分は教員として力があると勘違いして「私は従わせることができる」と思ってしまう場面があるものです。教員には権力があることを自覚しないとダメ。子どもがしないこと、できないことを「させる」「やらせる」と思うと、子どもをロボットにしてしまう。

教育現場では、問題を起こさない無難な教員でいることが求められていて、多様であることは許されないのです。教員こそが画一化されているのです。新任の教員研修では、まじめに校長の言うことをきく教員が評価されます。本来なら時間をかけて合意形成するはずの学校の方針でも、校長のミッションに合わせて動くよう指示がいきわたるため、職員会議は物言えぬ雰囲気。会議は校長の指示伝達に終始するのです」

指示通りにできない子は「発達障がい」？

こうしたなか、教員の指示通りにできない子どもは「発達障がい」とみなされて、教室から排除されそうになるケースが目立っている。

片山武志さん(仮名)は「毎朝、1年生の子どもを学校まで送っているだけで、特別支援学級に行けと言われました」とため息をつく。娘は東京23区内の公立小学校に通うが、入学したばかりの4月は連日、校門をくぐってもすぐ戻ってきてしまった。毎日夕方5時になると担任の教員から電話が鳴り娘の様子が知らされるが、自立しないまま入学させたとまるで怒られている気分になったという。

5月の初め、担任から「この状態が夏まで続いたら、特別支援学級に頼むことになります」と宣告された。武志さんは、「ただ、学校に行きたくないというだけ。まだ入学して1か月なのに、娘の何が分かるのだろうか。担任は冷たい」と思えてならなかった。

武志さんの娘は、友達の名前を挙げて「〇〇君、〇〇ちゃん、嫌い」と素直に言ってしまう。それを聞いた担任教師が注意すると、娘は「友達に先にバカって悪口を言われたから」と理由を話したという。しかし娘は「そうやって人のことを言うの、良くないよね」とかえって叱られてしまった。このやりとりに疲れたのか、帰宅後の娘は荒れていた。担任からも電話で報告を受けるが、娘をバカと言ったクラスメイトのことは何一つ触れられなかった。

一方で、毎朝当番で門に立っている担任以外の教員のことを娘は慕っている。娘が校門から先に行けずめそめそしている時、他の教員はしゃがんで目線を合わせ、娘の手を取って「行こう！」と言ってくれる。すると、娘はスムーズに教室に向かうことができるのだ。担任の子どもに対する関わり方が希薄なのではないか――。

武志さんと娘が一緒に登校する時、同じようにして他の母親も息子と一緒に登校するため、すっかりママ友・パパ友の間柄になった。その母親は、親を選べないことをガチャガチャに例えた流行語〝親ガチャ〟を真似て「〝担任ガチャ〟で外れましたね」と言う。

娘は「学校は嫌い」「行きたくない」と言うものの、学童保育は大好きだ。高学年の児童が優しくしてくれるため、学校の授業が早く終わる日は特に喜ぶ。武志さんは、ますます「娘が学校に行きたくないのには、何か理由があるはず」と思い始めた。

武志さんの友人で別の学校に通う双子の子どもたちも「学校に行きたくない」らしい。母親はシングルマザー。4月下旬の段階で担任の教師が家庭訪問し、「お母さんの愛情が足りない」と言われたという。その話を聞いた武志さんは「先生たちに力がないからではないか」という確信に変わった。

以前は保育士として働いていた武志さんは「小学校は1クラス30人を超える子どもたちを先生が一人で見るため、手に負えないのではないか」と考えている。娘の担任は男性で、声も大きく、厳しいトーンで話す。保育園に通っていた時は保育士が男性でも優しく丁寧な口調で話すことを心掛けてくれていた。そのギャップで学校に行きたくないのだろうか。

「娘の言うことだけ信用するわけではありませんが、毎日の送り迎えがある保育園と違い、学校は中で何が起こっているか分かりません。あまりいろいろ聞いてモンスターペアレントだと思われたくない」と、武志さんは日頃の様子を聞くに聞けなくなり、悶々とする日々を送っている。

子どもの良さを見ることから逃げる

2020年度末に法改正が行われ、約40年ぶりに小学校の学級編成の標準が変わり、35人に引き下げられた。小学1年生に加えて従来は40人だった小学2〜6年生の学級編成の上限も21年度から毎年1学年ずつ35人に引き下げ、25年度に全学年へ拡大されることになった。教員が受け持つ児童の人数が多いことの影響は小さくはない。あるベテラン教員は、こう話す。

「教員の中にも発達障がいに偏見をもつ人はいます。手のかかる子どもを排除したいと思う人もいるでしょう。でもそれは、これまで1クラス40人も児童がいるという環境が許さないのです。教員は本質的に「いい教育をしたい」と思っています。経験の乏しい教員が特性のある子をどう理解していいか分からなくても、時間をかけて、この子はこんないいところがあると理解する余裕が必要なのです。大人の言うことが聞けず教室から飛び出すのは、本人が気持ちを落ち着かせたいから。これを「問題行動」と捉えると、その子の良さを見ることから教員が逃げてしまう。教員としては「ねばならぬ」という思想の下で学級経営をするから「問題行動」にすり替わる。でも、問題と思う行動をとるのは、その子にとってのＳＯＳのサインだということが分かれば、何でもないことになるのです」

公立に合わないという烙印

息子が完全に不登校になった三上知恵さん(仮名)は、公立学校に絶望している。小学2年生の担任は算数の時間、問題を出してすぐ答えられないと児童を立たせた。宿題を出しても中身を見ないで印鑑を押して返すだけ。宿題を忘れた児童を怒鳴った。運動会の練習といって、教室の机と机の間を行進させる。教育委員会に相談しても何の解決にもならなかった。

みるみるうちに子どもたちは荒れて学級崩壊状態になった。そして、息子が不登校になった。保護者が結集して学校に解決を迫り、担任が外された。その後は副校長が担任に入ったが、あまりの学級崩壊ぶりに、うつ状態になっていった。最後は校長が担任となった。

かろうじて学校に行っていた時は、机につっぷして居眠りするか、窓の外の校庭を眺めているだけ。そして息子は登校したら、学校で意識を飛ばす訓練をしているようにも見えた。

悩んだ知恵さんがカウンセラーに相談すると「公立が合わないのだと思う。公立の中学校はやめたほうがいい」と背中を押され、私立の道を探った。ただ、お受験のための勉強は地獄のよう。親のストレスもかかる。もう、学校に行かせるのをやめよう。腹をくくった。

小学6年の1学期、知恵さんは「学校をやめます。修学旅行にも行きません、卒業式にも出ません」と宣言した。定期的にお便りを取りにいくと、重要なところに付箋が貼ってあるだけ。担任から「元気にしていますか」の一言もなかった。前の年の担任は学校ですれ違っても声もかけない。「先生、私のことを避けている？　関わりたくない？」と思えてしかたなかった。発達に問題があるわけでもないのに、学校から案内されるのは特別支援学校の一覧だった。不登校の状況を受け入れるしかないと覚悟した。

「普通」でないと追いやられる

文部科学省は、これまで必ずしも十分に社会参加できるようになってこなかった障がい者が積極的に社会参加できる「共生社会」の形成に向けて、「インクルーシブ教育システム」の構築を掲げている。それはあるべき姿の追求でもある。だが、現場は追い付いていないばかりか、教員が思う「普通」からズレてしまえば、発達障がいではなかったとしても発達に問題があるとして、教室の外に追いやられる現実がある。

そもそも文部科学省は、基本的な方向性として障がいのある子どもと障がいのない子どもが、できるだけ同じ場で共に学ぶことを目指すべきとしており、その環境整備が必要だとしている。同省はインクルーシブ教育システム構築のための特別支援教育の推進として、(1)障がいのある子どもが能力や可能性を最大限に伸ばして社会参加できるよう、医療、保健、福祉、労働等との連携を強化して十分な教育を受けられるようにする、(2)障がいのある子どもが地域社会のなかで積極的に活動し、その一員として豊かに生きることができるよう地域の同世代の子どもや人々の交流を通して地域での生活基盤を形成し、可能な限り共に学ぶことができるよう配慮する、(3)特別支援教育に関して障がい者理解を推進し周囲の人々が障がいのある人や子どもと共に学び合い生きる中で、公平性を確保しつつ社会の構成員としての基礎を作っていくことが重要で学校で率先して進める――が重要だとしている(同省ホームページより)。

また、障がいのある子どもの自立と社会参加を見据えて、一人ひとりの教育的なニーズに最も的確にこたえる指導を提供できるよう、「通常の学級」「通級による指導」「特別支援学級」「特別支援学校」という学びの場がある。

「通常の学級」は地域の学校にある学級で「普通級」とも呼ばれる。「通級による指導」とは、地域の小学校などに在籍して学びながら一部を特別な指導を要する場合に障がいに応じた特別の指導を行う指導形態を指し、「通級」と呼ばれることもある。「特別支援学級」とは、知的障がい、肢体不自由者、自閉症者・情緒障がい者などの児童に対して障がいによる学習や生活上の困難を克服するために小学校などに設置される学級で「支援級」と呼ばれることがある。「特別支援学校」は、障がいのある児童に対して小学校等に準ずる教育を行うため、障がいによる学習や生活上の困難を克服し自立を図るために必要な知識技能を身につけるための学校として設置されている。

就学先は、障がいの状態、教育上必要な支援の内容、地域の教育体制、本人や保護者の意見、教育学・医学・心理学の専門家の意見を踏まえて教育委員会が決定する仕組みとなっているため、決して担任や学校だけの判断で決定されるものではない。しかし、特別支援学校で働く複数の教諭が「本来なら特別支援を受けなくてもいい子どもたちが送られてくる。教員が子どもを見きれないと、普通の学級から排除する傾向さえある」と口を揃える。

ある女性は「入学前の学校見学で校長と話すと、なんだかスクリーニングされている気がして不愉快だった」と話す。女性の子に発達障がいがあるわけではないが、「習い事や塾が嫌いで、何かをやらされる感じが嫌いなようだ」と世間話を始めた時、校長から矢継ぎ早に「ずっと座っていられる？立ち歩きしませんか？」と聞かれ、あ然としたという。ある自治体議員は「特別支援学校や特別支援学級に入るのには審査もあって手続きの期限があるため、その期限に間に合わせようと学校や教員が焦って誘導する問題が起こっている」と明かした。かつて支援級の教員だった女性は、こう話す。

「自分で勉強も生活もできて、何の支援の必要のない子どもたちが支援級に〝回されている〟と感じることがよくありました。それは学校の受け入れ体制の問題なのでしょう。『担任が支援級を勧める』。その一言で、本来は普通級で学ぶことのできる子が普通級で学べず、学力を伸ばす機会が奪われている。発達障がいだと言われた親は動揺し、期待を込めて特別支援学級に見学に来るということがたくさんありました。けれど、さほど発達支援を要さない子のために用意された環境ではないのです。期待される教育はできませんでした」

クラスで3人が支援を必要とする現実

文部科学省が全国の公立の小学校、中学校、高等学校の通常の学級に在籍する児童生徒の抽出調査で2022年12月に公表した「通常の学級に在籍する特別な教育的支援を必要とする児童生徒に関する調査結果について」によれば、発達障がいの可能性のある「学習面または行動面で著しい困難を示す」とされた小学校の児童は10・4%を占めることが分かった。1クラス30〜35人だとしてもクラスに3人ほどの割合となるため、インクルーシブ教育は身近なテーマだ。

発達障がいの児童を「通常の学級」(普通級)で教える側の教員の心中も複雑だ。都内の小学校で働く小野杏子さん(仮名)は、「すべての児童が普通学級で学ぶことが理想だとは思うのですが、音楽を教えている時、「特別支援学校の方がきちんと指導してくれて、本人にとって良いのではないか」と疑問を感じてしまうのです」と複雑な思いを抱える。

クラスの皆が両手をうまく使ってリコーダーを吹いている時、ある要支援の児童はリコーダーを使えずに、1時間ずっと机の上でコロコロとリコーダーを転がしている。杏子さんは「一緒にやろうか」と声をかけるものの内心「無視もできないから、ただ声をかけて配慮しているふりをしているだけ。自分には全く思いやりがない。この子にとって必要なのは、私の授業ではない」と痛感している。杏子さんにとって、「上っ面だけの対応をしている自分と向き合うつらい時間でもある」という。

杏子さんを悩ますのは授業の時だけではない。勤務先の学年には通級で指導を受けている児童が4人いて、杏子さんは時間割を作る担当だった。「週に何度かしかない音楽や体育、図工の時間が〝特殊の時間〟(通級のこと)と重なってしまうとかわいそう」と思うが、他の教科の時間を見ると、週に5時間もある習熟度別に行う算数の授業は小人数のため、ずらせない。一人ひとりの授業を大切にしようとすると、〝時間割ノイローゼ〟になった。まるでパズルのように組むがうまく収まらない。

1時間目が図工、2時間目が音楽、3時間目が家庭科で4時間目が算数という時間割だと、算数の時になってはじめて担任が児童の様子をきちんと把握できることになる。週のはじめの月曜の1時間目に子どもたちとコミュニケーションをとり様子を把握することは、発達支援が必要でもそうでなくても重要なため、なるべく1時間目に専門科目を入れたくないが、どうしても専門科目が入ってしまうことがある。

「子どもにとって教室が家なら音楽室や図工室はアウェーのようなものです。1時間目から家ではない音楽室という「檻」のなかに入れられ、専科の先生と過ごすことになります。まったりとしたい子も眠い子もいるのに、私が見る限り専科の先生は朝からパワー全開を要求してしまいがち。通級の子を考慮した時間割を作るのは至難の業でした」

発達支援の話はデリケート。学校側で支援員をつけたいと思っても保護者の同意がないと難しい。支援が必要かどうかギリギリのラインの児童が多く、そうなると一層、保護者との対話が困難になるという。要支援の子をどう教えたらいいのか。杏子さんは「この仕事量の多さでは対応しきれない。一斉授業で対応できない場合、その子にもっと寄り添うことのできる大人が必要です。だからこそ、子どもを見きれない現状のなかでは「特別支援学級に行ったほうがいいのではないか」と思えてしまうのです」と語る。

ある母親は、担任の言葉から「こういう子は、ここにいるべきではない」と言われていると感じて子どもを小学3年生から通級に通わせた。普通級では支援員がついたが、水泳の授業を受けるには保護者の参加が必要とされた。また、社会科見学など学校の外で行われる活動について学校からは「支援員は課外活動で事故に遭った場合に災害共済給付が出る保険にかけていないから同行できない、保護者が同行できないのであれば学校に子どもを残して出かける」と言われた。これには納得いかず、教育委員会に相談して校長に注意をしてもらった。それでやっと支援員を課外活動に出してもらえるようになったが、「教員とは、子どもに教育を受けさせないことが仕事なのか」という思いだけが残った。

ある小学2年生の女児は知的障がいがあり、普通級に通っていた。新年度が始まって2か月経っても担任は連絡事項について母親にだけ伝えるため、「言われれば娘も分かる」と担任に話すと「あ、話しかけていいのか分かりませんでした」と言われた。行事があっても参加か不参加か聞かれず、連絡帳で尋ねると「忘れていました」。その母親には、娘の存在を忘れていたと思えて胸が痛んだ。その女児の友人にも知的障がいがあった。年に一回、学年ごとに川に行って石拾いをする恒例行事がある。しかし、アクアシューズ、靴下、タオルの一つでも忘れたら川に入れてもらえない。その子は楽しみにして登校したが忘れ物をしてしまった。友人の話を聞いた女性は他人事とは思えず涙が出そうになり、「今の学校は罰を与えるんだな」と気持ちが沈んだ。

小学3年生の娘がダウン症という母親は、就学前の教育委員会との相談で特別支援学級への進学を勧められたが、普通級への進学を望んだ。普通級に通う条件として、支援員はつけないこととされた。とはいえ、週に1日だけ支援員がつくようになった。学年が上がるとサポートが必要なことが増えたことから支援員のつく日を増やしてほしいと要望したが、教育委員会からは拒まれ、校長は「自分でできることが増えてきましたから、今のままで大丈夫ではないか」とお茶を濁した。一方の担任は「私にはノウハウがない。もっと良い環境のほうがいいのではないか」と、特別支援学級への転学を誘導するような口ぶり。入学前と今は違う。娘が支援員に依存するのではなく、必要な時に支えになってほしいだけなのに……。教育の機会が奪われていると思えてならなかった。

関東圏内のある県で旧養護学校や特別支援学校で教員をしてきた小田美鈴さん(仮名)は、60歳を過ぎた今も再任用されて子どもたちを教えている。

「障がいが重ければ、それを受け入れられる親が多いのですが、特別支援学級や通級の場合は発達の程度がまちまち。親は「普通級でもいいのではないか」と思いながらも、「うちの子はこれからどうなるのか」という混迷のなかにいるものです。子どもの発達障がいが軽度なほど親の悩みが深いこともある。通級に行く時に差別の目を気にして、人に知られないように通っているケースもあります。すると本人も行きたくないと思ってしまうのです」

障がい者の権利に関する条約「第24条　教育」では、教育についての障がい者の権利を認めて、権利を差別なしに、かつ、機会の均等を基礎として実現するため、障がい者を包容する教育制度を確保することとしている。その権利の実現に当たって確保するものの一つが「個人に必要とされる合理的配慮が提供されること」となる。ただ、美鈴さんは長い経験から思うことがある。

「合理的配慮は、玉虫色。行政にとっていいように扱われてしまいます。だから、発達支援の必要がなくても普通級でやれる子が通級に来たりもするのです。一方で、同じ仲間がいると気づいて安心する親子もいます。特別支援学校か特別支援学級なのか通級なのか、納得して選ぶことが大事。マイナーな存在の問題と思うと親は一人で闘えないが、言いたいことを言ったほうがいい。うつ病は心の風邪だと言われて浸透しているけれど、そのくらい発達障がいの理解が必要です。特別支援を受けるか受けないか。親子が納得して選択できることが重要なのです」

特別支援学校の高等部の元教員は「配慮という名の下に、いろいろな経験をする機会が奪われている」と感じてきた。中学生の頃に理科の実験をさせてもらえず、顕微鏡を覗いたことのない生徒が多かった。また、ある福祉施設関係者は、「教員免許を取る学生の実習を引き受けた時、支援の必要な子とそうでない子を分けて教育することが素晴らしいと刷り込まれていると感じました。支援学校や支援級は素晴らしい。だから、ここはあなたがいる場所ではないとなる。若い教員にそうした意識が拡大再生産されていると感じたのです」と危惧する。特別支援学校で長く勤めていた男性も「せっかく地域の学校に通って生活してきても、特別支援学校ができると有無を言わさず、そこに押し込まれてしまう」と残念がる。インクルーシブの実現とはほど遠い現実だ。

そして日々の教育現場のなかにある学校の「謎ルール」は、インクルーシブとは関係なく子どもたちの誰にとっても分断や排除につながってはいないだろうか。

「皆と一斉に同じことを」が苦しい

小学生と中学生の3人を子育て中の森川香さん(仮名)は、「一斉授業で、皆と一斉に同じレベルでできて当然。それが苦しくなって、子どもが自分はダメな人間だと思って不登校になりました」と憤る。音楽の授業中に「せーの」で一緒に歌いたくない時もあるが、それは許されない。運動が苦手でも運動会に参加して競争させられ、皆の目にさらされなければならない。授業中にずっと椅子に座っていられず、落ち着かなくなってしまう。もし床に座っていいのなら静かに授業を聞いていられるが、それも許されない。日直が授業ごとに「起立」「礼」「着席」をするのも子どもは苦手。香さんも「軍隊的だ」と思えてならない。

学校が指定する体操服にも疑問を感じている。子どもの1人は幼児期に半ズボンをはいている時に大ケガをして以来、怖くて半ズボンが履けなくなった。学校と相談して七分丈の体育用の服を用意したが、暑い夏の体育の授業は見学するようにと促された。もう1人の子は痩せていて骨と皮の状態の腕や足を見られることを嫌がった。着替えを見られたくないコンプレックスを抱いていた。学校は特別な配慮で体操服以外のものを許可してくれたが、香さんは「そもそも学校が指定せず、皆が自由に動きやすい服を体育用に用意すればいいのではないでしょうか。なぜ、許可をお願いしなくてはならないのか。女子は高学年になれば胸も目立ってきます。恥ずかしくても言えないだけの子も多いはず。紺や濃い色の体操服なら胸も目立たないけど、なぜ学校は白にこだわるのか」という疑問がぬぐえない。

香さんの息子の場合は痩せすぎていて身体を見られることに抵抗感があるが、他の子どもは太っていることを気にするケースも多い。体操服のTシャツをズボンの中に入れるよう指導されることが多いが、身体のラインが目立って嫌がる子どももいる。安全を理由にされるが、本当にTシャツをズボンに入れなければ危険な種目は限られるのではないか。小学校の高学年くらいになると、体毛を気にして半袖半ズボンを着たくないケースもある。小学生でも脱毛をする子どももいる一方で、親や周囲の大人に相談できずに悩んでいる子どももいる。体操服ひとつとっても謎だらけではないか。

いわゆる「シャツイン指導」については2018年8月29日の『東京新聞』で、群馬県前橋市内の中学校の理科の教諭である富田尚道さんの実験結果によって、熱中症対策として見直すべきとの内容が紹介されている。6~7月にかけて実施された実験ではシャツの裾を入れた状態(イン)と、出した状態（アウト）では、生徒の体表温（サーモグラフィを用いた測定）が29〜30度とインの生徒より4度ほど低かったとしている。

前述の香さんは、何かと配慮を求めることが多い子どもについて、校長から「特別支援学級に行ったほうがいい」と言われてしまう。イラストを描くのが好きな子どもは、担任や図工の先生から褒められたが、他の科目の成績が悪く「できない子」扱いをされた。香さんは「学校は子どもを育てる環境の一つ。子どもをダメにする環境なら登校しなくていい」と、不登校を容認した。

中学に進めば、制服もある。そして、肌着や靴下は白などもっと校則に縛られ、従わされることになる。女子のヘアピンや髪留めは黒に限られ、ポニーテールはうなじが見えるから禁止、三つ編みも禁止。「個性を出すな」「お洒落はダメ」と言われる。「男子は髪を切れ」といって、眉毛、耳、襟に髪がかぶってはいけないと生活指導されることもある。

体操服やシャツに刺繍で名前を入れなくてはならず、高い費用がかかることも。学校指定の通学バッグや制服、体操服を揃えると総額10万円もかかる公立中学は少なくない。上履きについている色が学年ごとに違えば、兄弟姉妹でお下がりもできない。冬服と夏服の衣替えが月で決められ厳格に守られている場合、気候変動や気温による調節がきかない。こうした「謎ルール」が残る学校は、決して少なくない。

それらは、集団生活を送るためのルールとして本当に必要なのだろうか。子どもの人権が守られていないのではないだろうか。本質的ではない「謎ルール」が多いと感じるのだ。子どもが「学校に行

「きたくない」と思う気持ちが理解できる香さんは公立の義務教育への期待を捨てて、一人ひとりの個性を認めてくれる高校探しに余念がない。

子どもが教育を受ける権利は守られているか

都内に住んでいる浅野真美さん(仮名)も、いじめなどの特別な理由のない子どもの「学校がつまらない」「行きたくない」に頭を悩ます。入学して数年、公立学校への疑問が膨らんでいる。

「教員は子どもたちを従わせるだけ。子どもたちに考えさせる授業をしていないと感じるんです。うちの子は勉強が好きでないから、よけいに勉強が嫌になるのです。公立中学も期待できないのかなと感じているところです」

体操服を忘れたら授業には参加できず、見学するしかない。動きやすい服を着ていれば、体育の授業に出てもいいのではないだろうか。そんな疑問が膨らむ。

「学校や教員は、大昔の軍隊組織みたい。なぜ、右へ倣えというようなことを、いつまでもやっているのでしょうか。子どもは好奇心の塊だと思うんです。それなのに、「学校に行きたくない」と言う。学校はお役所、先生は役人。きっと、子どもが行きたいと思える場所じゃないんですよね。同じことを同じようにさせられる。だから、「学校がつまらない」「学校に行きたくない」となるんです」

子どもたちの「学校がつまらない」「学校に行きたくない」の理由はどこにあるのか。子育て支援に注力する東京都中央区の高橋まきこ区議はこう見る。

「保育園と違って学校では、「子どもの最善の利益を考える」という意識が共有されていないと感じることがあります。保育園とのギャップが大きく、人権が尊重されないと感じる子が不登校になっているのではないでしょうか。

炎天下に外で行われる朝会、体育で赤白帽子を忘れたら授業は見学、体操服は指定のものでシャツはズボンに入れる、肌着を脱いで体操服を着る、スクール水着の着用など、小学校には謎のルールが多いのです。水泳の授業は、なぜプールカードに印鑑を押すことが絶対でサインではダメなのか。子どもの最善の利益を考えたら、こうしたルールに意味がなくなるはずです」

日々の忙しさのなかで管理職に相談する時間もなく、教員が「ま、いっか」となる。水泳用の帽子を忘れたら参加させず見学にするなど、ルールを決めて管理するほうがらくなのだろう。体操服のなかに肌着を着ないよう指導する学校もあるが、低学年の児童は汗をかいたままの肌着で過ごすことが多く、一人ひとりのチェックをする余裕が教員にない。「体育の時間は肌着を脱ぐ」と決めてしまったほうが、教員はらくになる。前述した特別支援学校の教員の小田美鈴さんも、こう話す。

「忘れ物をしたら授業に参加させない、「ダメなものはダメ」という指導をしていると、子どもの特性を見逃してしまいます。忘れ物が1回目なら反省するよう「ダメ」といってもいいかもしれませんが、それが続くと、子どものことを親が気に留めていなかったり、子ども本人に特別な配慮を必要とするのかもしれないと気づくこともあるのです。忘れ物への対応で自然に配慮もできるのです。曖昧ななかにある配慮が実は多くあり、ルールで画一化されることで失われてしまうのです」

関西地方の公立小学校の副校長も、「学校には理由を説明できない細かなルールがあり、教員はそのルールに縛られている。教員が管理的になるのは、教員は校長から、校長は教育委員会から、上の立場の者から管理されるから」と感じている。教員にとっては、保護者からのクレームも怖い。持ち物ひとつとっても、特定の子が特別扱いを受けている、教員によって意見が違う、というクレームが来て対応するのは面倒だ。だったら、すべて禁止すればらくになる。

「体操服や体操帽子を忘れたら予備を用意して貸せばいいのです。ノートを忘れたら紙を貸せばいい。教員がすべきは、いかに子どもの教育を受ける権利を守るか。子どもの権利条約があって、子どもには意見を表明する権利があるのですから、持ち物に細かすぎるルールを決めて禁止するより、自分のお気に入りのものを使って楽しく登校できるほうが良いのです。枠にはまらない子が悪い、ルールを守れない子が悪いのではない。発達の特性もある。学校が合わせないといけない。今の学校は、子どもを枠にあてはめるだけで一人ひとりを見ていない」

小学校とは、教育とは、いったい何なのだろうか。規格化・画一化される公立の教育現場で子どもたちが排除されて、悲鳴を上げている。子どもたちの「学校がつまらない」「学校に行きたくない」という言葉は、精一杯の抵抗なのだ。

第2章

はき違えた〝教育投資〟

第1章で記した親子のように公立小学校に絶望すると地元の公立中学校にも期待できなくなり、私立中学を受験するケースがある。都市部を中心に中学受験は過熱しており、首都圏で最大規模の中学受験向け公開模試を行う「首都圏模試センター」によれば、首都圏での私立・国立中学受験率は過去最高を更新している。

「この学校に行きたい」と本当に願って受験する子どもが一体、どのくらいいるのだろうか。

教員の主観で内申点が左右され中学受験

「もう5年生の時に味わった思いはしたくないね。そう言って受験を決めて、乗り切りました」

佐藤恵美さん(仮名)は、今でも公立学校への不信感でいっぱいだ。息子は都内の公立小学校に通っていた。５年生の時の担任(中堅の女性)が常日頃からヒステリックに児童を叱りつけたため、保護者は苦情を寄せていた。

３学期のある日、「黒板係」だった息子が板書を消し忘れると、担任が「はーっ、しょうがないわね」とため息をつき、息子が消し忘れた板書の上に重ねて文字を書きながら次の授業を始めた。そして、息子に向かって「あなたのせいで、こうなったんです。みんなに謝りなさい」と言った。温厚な性格の息子ではあるが、それまでずっとクラスの友達も担任から嫌味を言われ続けてきたため、「皆を代表して何か抵抗しなければ」と、思わず「くそばばあ」と口を滑らせてしまった。

放課後、担任から恵美さんに電話がかかり「くそばばあと言われましたが、ご家庭では、どういう教育をされているんですか」と注意を受けた。息子の友人から事の顚末を聞いていた恵美さんが反論すると、「私は、息子さんの将来のことを思って言っているんです。どうなるか分かっていますよね」と担任は怒った口調で言い放った。

その意味が分かったのは3学期の修了式に通知表を受け取った時だった。息子は常にテストで100点をとっている。それまですべて最高評価の「3」だった主要科目の成績が「2」に落とされていて、恵美さん親子は愕然とした。都立中学校を受験する場合、内申点が重視され、小学5年生の3学期と6年生の2学期の成績が入試で評価されると言われており、「それを分かっていて成績を下げたのではないか」と恵美さんは疑った。

「公立小学校で教員の質がこうならば、地元の公立中学もきっと同じだろう。そうなれば、都立高校を狙うような時には中学校で内申点を気にしなくてはならなくなる。もう、こんな理不尽な思いはしたくない」と、入試の点数だけで勝負がつく私立の中学受験を決意した。

もともと中学受験を考えてはいたが、本格的な勉強を始めるためいくつも塾を見学して、難関校の合格実績に定評のある受験塾大手に入塾した。

塾の授業は難しく、多くの子どもたちがついていけない。周囲の子は皆、塾が併設する個別指導塾の授業もとって〝課金〟していた。そもそも「課金」とは、オンラインゲームなどで基本サービスのほかに料金を支払って追加でサービスを利用することを指す。子どもがゲームに夢中になって課金するうちに支払いが膨らみ、多額の請求が親元に届くような社会問題が起こって流行した言葉だ。中学受験のために塾で追加の講座を申し込み塾代が膨らむ様子がゲームの課金に似ていることから、受験生を持つ親の多くが〝課金〟と例えている。

恵美さんも息子を個別指導塾に通わせるかどうか迷ったが、個別指導塾に通えば「塾の授業についていけない」と明かしているようなもの。それでは頑張っている息子の自尊心が傷つくだろうと、家庭教師をつけた。塾代だけでも毎月約６万円が銀行口座から引き落とされ、夏期講習の時期は月に20万円から30万円が消えていく。それに加えて家庭教師の費用もかさんでいく。

６年生の７月までは火曜、木曜、土曜に塾に通い、平日は16時半から21時まで、土曜は14時半から19時まで塾で勉強した。教科ごとに大量の宿題が出ることから、なんとかこなすため23時まで勉強する。睡眠不足で学校を休むことも、遅刻して行くこともあった。

恵美さんは学校が終わる頃を見計らって自転車で息子を迎えに行き、家でおやつを食べさせてから車で塾に送った。塾には歩いていくこともできたが、「１分も無駄にはできない。歩く時間があるなら勉強させるか、休憩させたい」と送迎し続けた。塾のない日は、学校から帰宅して16時半頃から22時過ぎまで自宅で勉強。「学校の宿題をする時間など１分もない」という状況で、恵美さんが代わりに学校の宿題を済ませた。

９月からは日曜の授業を追加。日曜は弁当を持たせ、息子は朝８時から夜８時まで塾で過ごす。年末年始は特訓を受ける。２月に入試本番を控えた１月は、学校に１日も登校せず試験対策の追い込みをかけた。家庭教師を週２～３回頼み、１日３～６時間見てもらった。そのうち、恵美さんはこう思うようになっていった。

「学校で渡される簡単なドリルをするくらいなら、塾の問題をこなしたほうがいい。学校の勉強はとっくに塾で終わっている。学校の授業は身にならないから、寝ているだけ。勉強は塾ですればいい。

塾と違って学校はレベル別に授業をしないから時間が無駄になるのです。公立は質が低い。中学受験で優秀な子が抜けていく公立中学に入ってどうするのか。公立は底辺の子を引き上げるというのかもしれないけれど、成績が上の子はどうなるんですか？」

６年生の一年間でかかった教育費は合計で約１３０万円。息子は志望する難関校に合格したが、受験のために費やした〝教育投資〟は総額５００万円を超える金額に膨らんだ。

担任の主観が入ってもおかしくはない内申点。恵美さんのように「担任と相性が悪いと内申点を重視するような高校入試のために、中学生のうちから教員にこびへつらうようになってしまう」と、中学受験を決める親子は決して少なくない。

中学受験のために〝教育投資〟するのは、公立学校の教員不足にも起因する。教員不足のなかでは、たとえ資質が問われる教員でも教壇に立つことになる。そのなかで起こる中学受験もあるのだ。

東京など都市部には「御三家」と呼ばれる偏差値の高い名門校があり、そうした難関校を目指して受験は過熱する。都内で「御三家」と呼ばれるのは、男子中学では「開成、麻布、武蔵」の３校で、女子中学では「桜蔭《おういん》、女子学院、雙葉《ふたば》」の３校。神奈川県の「御三家」は、男子中学が「栄光学園、聖光学院、浅野」で、女子中学が「フェリス女学院、横浜雙葉、横浜共立学園」。「西の御三家」は、「灘(兵庫県)、ラ・サール学園(鹿児島県)、愛光(愛媛県)」となる。

そうした御三家合格の夢を見ると、〝教育投資〟という名の下に塾に〝課金〟していくことになる。

御三家でなくても、難関校を目指して「難題を解く塾」に通うことがステイタスのようにさえなり、受験のレールから降りられなくなる。前述の恵美さんの息子のように、難問を扱う塾の授業についていけず、個別指導塾や家庭教師にまで〝課金〟しているケースは決して少なくない。この沼に一度はまったら、なかなか抜けられない。

〝課金地獄〟の沼にはまる

「私が就職氷河期世代で苦労してきたので、娘にそうした思いはさせたくない。早いうちから中学受験を決めて、勉強を始めました。けれど、通常の塾のほかに夏期講習や冬期講習も受けます。そのうえ個別指導の塾に通う費用がかかり、まるで〝課金地獄〟です」

田中陽子さん（仮名）は、深いため息をつく。中学受験に強いとされる塾に通う費用は、年間１００万円以上。小学6年生の娘は、月に数コマの個別指導塾にも通う。１コマ６６００円。8月は夏期講習のほかに、個別指導で国語も算数もと20コマ近く〝課金〟することになり、合計で約50万円という痛い出費となった。

「それでも個別指導を受ければ受けるほど、娘が「分かるようになった」と目を輝かせ、実際に成績が伸びるのです。受験する以上は、合格してほしい。だから〝課金〟の沼にはまるわけです」

ほかにも細々とお金がかかる。公開模試を受けると1回で約６０００円。塾からは志望校の過去の試験問題を10年分解くよう指導されるため、フリーマーケットアプリの「メルカリ」などで探して古い過去問題集を購入。プレミアムがついて定価の2～3倍に跳ね上がっていた。小学3～5年の間だけで合計300万円、最終学年の6年生では年間250万円もの塾の費用がかかり、小学生の間にかけた塾代の総額は550万円以上となった。

前述した恵美さんの息子と同様に陽子さんの娘も日々、ハードスケジュールをこなす。平日は2日、16時半から21時まで塾で勉強する。15時半頃に学校から帰宅すると15分ほどでおにぎりを食べて、急いで塾へ向かう。塾から帰って22時頃に夕食をとり、風呂に入って塾の復習をしてから深夜0時頃に寝る。朝は6時台に起きて塾のドリルを解いてから学校に向かう。空いている日はひたすら塾の宿題をこなし、個別指導を受ける。土曜の午後も19時頃まで塾だ。日曜は、塾の宿題を終わらせるために1日10時間も机に向かう。

塾では毎月テストの成績順でクラスと席順が決められる。どのクラスで、どの席になるか。ランク分けは毎月のプレッシャーだ。塾から出る大量の宿題をこなすため、学校の宿題をする時間がない。陽子さんも、子どもの代わりに学校の宿題を済ませる。

「マネージャーのようにスケジュール管理をしています。やっぱり、費用対効果は考えてしまいます。500万円もかけて偏差値の低い中学しか受からなかったらと思うと、気が気でないです。お金で解決するなら、課金できるだけ課金して合格させてあげたい。受験は結局、テクニック。問題が解けるようになればいいのです」

陽子さんがここまで思い入れが強いのには、理由がある。40代後半の陽子さんは大学卒業後に正社員として働き始めたが、ブラック企業に勤めたため過労から退職を余儀なくされた。その後は非正規雇用が続き、良い就職には恵まれなかった。

１９８０年代に8割あった大卒就職率が落ち込んだのは91年のバブル崩壊の後からだ。そこから、みるみるうちに就職率は下がっていった。２０００年に大卒就職率が統計上初めて6割を下回る55・8％をつけ、03年には55・1％と過去最低を更新。翌4月には日経平均株価が７６０７円まで下落した。多くの企業にとっても未来が見えず、雇用環境は激変した。１９９１年のバブル崩壊、97年の金融不安、２００１年のＩＴバブル崩壊、08年のリーマンショック。そして２０２０年にはコロナショックが起こった。

陽子さんら40代を中心とする親世代が社会人になった２０００年前後の頃は、正社員は「勝ち組」、非正規雇用は「負け組」と言われ、就職後に苦労した人が少なくない。「失業するよりマシ」と１９９９年以降に労働者派遣法改正など雇用の規制緩和が次々と行われ、非正規雇用を多く生み出す構造ができた。労働者に占める非正規雇用の割合は、バブル崩壊前の１９９０年の20・2％から上昇の一途をたどって２０２３年で37％になっている。

ましてや女性の非正規雇用率はもともと高い。１９９０年の段階でも女性の約4割が非正規雇用で、２０２３年では約5割を占める。小学生の子どもを持つ女性が出産した頃は妊娠を機に仕事を辞めざるを得ないことが多く、連合が２０１５年に行った調査では「妊娠後に、その当時の仕事を辞めた」

という女性が正社員でも5割、非正規雇用では7割に上っていた。

国税庁の「民間給与実態統計調査」から2023年の国内の平均年収を見ると、全体は460万円だった。正社員(正職員)の平均は530万円、正社員(正職員)以外は202万円と差がある。男女の年収差も大きい。男性では正社員(正職員)が594万円、正社員(正職員)以外が269万円。女性は正社員(正職員)が413万円、正社員(正職員)以外が169万円だった。年収分布を見ると、男性は年収400万円超500万円以下が17・5%で最多で、女性は100万円超200万円以下が20・5%を占めて最多となっている。

雇用の規制緩和は、収入の差を作り格差を固定化させた。小学生の子をもつ親には2000年頃からの就職氷河期に社会に出ているケースが多いため、この格差を当事者として目の当たりにしてきたのだ。だから陽子さんは、「娘には自分の稼ぎで生きていけるような仕事に就いてほしい」という思いが強く、中学受験を決めていた。

「特別に頭が良い子でなくても、普通の子でも、努力すれば下駄を履かせてあげられる。そのチャンスがあるのが中学受験なのだと思うのです。娘には文系より理系がいいよと教え、今から大学見学もしています。将来は安定した公務員になってほしい」

そうした「いい学校に入り、いい会社に就職してほしい」という親心が見透かされ、受験産業は活況を見せている。

中学受験で儲ける塾業界

首都圏で最大規模の中学受験向け公開模試を行う「首都圏模試センター」によれば、首都圏での２０２４年の私立・国立中学受験者数が５万２４００人となり、受験率は過去最高の18・12％をつけた。首都圏では、約５人に１人が中学受験をしたことになる。

矢野経済研究所が２０２１年に実施した調査によれば、学習塾・予備校市場規模は２０１７年度が９６９０億円で２０２１年度(予測)も９６９０億円と横ばい状態。19歳以下の子どもの人口は２０１７年の２６１４万３５３３人から２０２２年に２３８４万９３２８人と減少の一途をたどる。そのなかで健闘しているのは、中学受験事業の業績向上だ。

受験大手で株式を上場している企業の決算資料を見ると、中学受験ビジネスの好調ぶりが分かる。ある大手の決算は、２０２４年３月期の売上高が３２８億６７００万円で前期比で約７％増となっている。塾の生徒数の推移を見ると、小学生は２０２０年３月期の２万８２５人から24年３月期は２万８０５８人へと大幅に増えている。一方で、高校生は３０９９人から２４１０人と減少傾向。中学生は１万５１９２人から１万６８８７人の増加に留まる。塾の売り上げを牽引しているのが、中学受験をする小学生で、売上全体の６割を占めることが分かる。

売り上げが伸びているだけでなく、同社の利益は大幅に増加している。経常利益は29億５１００万円で前期比21・４％増、当期純利益は21億３２００万円で同37・３％増となった。同社の決算説明資料によれば、利益を押し上げる要因として、1校舎当たりの生徒数を増やしたことがある。18年3月期は1校舎当たり197・3人の塾生だったが、22年3月は260・4人に増やしたとしている。

同社は首都圏で難関校受験対策とした個別指導部門を拡充し、23年3月期の約60校から27年3月期には「100校体制」を確立する方針。同社は首都圏での中学受験の過熱ぶりは続くと予想し、2026年3月期の売上高353億4000万円を目指し、増収増益の業績予想を立てている。

文部科学省の「学校基本調査」によれば2024年5月1日時点で全国に中学校は9882校あり、そのうち私立が781校で全体の7・9%を占めている。私立中学は東京都に187校、神奈川県に63校があり、この2都県だけで全体の3割を占める。その他、大阪府の59校、京都府の26校、兵庫県の43校を含めると全体の約5割となる。

都道府県内に20校以上の私立中学があるのは、埼玉県(31校)、千葉県(25校)、東京都(187校)、神奈川県(63校)、静岡県(28校)、愛知県(21校)、京都府(26校)、大阪府(59校)、兵庫県(43校)、広島県(29校)、福岡県(27校)となる。

同様に2024年5月1日時点の状況を見ると、中学校全体の在学者は314万1166人、うち私立在学者は24万7982人で全体の7・9%となっている。学校に入学できる定員が大きく増えるわけではないことから、受験者数が増えれば競争は激化する。

ある業界関係者は、「タワーマンションの建設に合わせて塾を開講・拡充し、講師一人当たりが受け持つ生徒数を増やせば利益率を上げることができる」と話す。そうしたエリアの高級マンションに住む小学生の母親も、「ここ数年で中学受験塾が急に増えました。家の近くにあるタワーマンションに住む子の多くが当たり前のように塾に通っています」と驚きを隠せない。クラスメートの多くが当たり前のように受験しているため、「受験しないなんて信じられない」というムードだ。

東京では2月1日、2日に入試が集中し、2月前半のうちにたいていの学校の入試が終わることから、合格者は「2月の勝者」と言われる。高級マンションが建ち並ぶエリアの小学校では受験に失敗して公立中学校に進むと「敗者」の烙印が押され、小学校の卒業式や謝恩会を欠席する親子までいるという。2月の入試本番が近づくと「中堅クラスの志望校が不合格でも公立に入学というわけにはいかず、ピリピリしています。息子は勉強嫌いで成績が伸びずじまいですが、とにかくどこでもいいから合格してほしい」と切実で、「偏差値の低い学校でもどうして生き残ることができているのか、それが分かりました」という。

中学受験を決断する理由はさまざまだが、経済的な余裕がなければ中学受験のレールには乗れない。東京都の「公立学校統計調査報告書」から23年3月に都内の公立小学校を卒業した子どもたちのうち都内の都立・国立・私立中学に進学した割合を見ると、文京区が最も高い54％で過半数を占めた。次いで中央区が49％、港区が47％、目黒区が43％と高く、首都圏のなかでも東京23区で中学受験するケースが多い。いずれも富裕層向けのタワーマンションが多く建てられる地域となる。

受験者数の増加とともに、家庭の塾への支出も増えている。文部科学省の「子供の学習費調査」から「補助学習費」（自宅学習、学習塾、家庭教師などの経費）の支出の変化が分かる。保護者が支払う補助学習費を2018年度と2021年度とで比べると、公立小学校に子どもを通学させている場合は年間8万2000円から12万円へ、私立小学校では同34万8000円から37万8000円に増えている。ただ、これらはあくまで平均だ。東京を中心とする首都圏で中学受験する家庭の支出を個々に見ていくと、塾の費用は思いのほか高い。筆者の取材から難関校を目指して受験する場合、小学校の高学年で総額300万円から500万円を塾代にかけているケースが散見された。

私立中学に入学した後は、高い授業料を支出することになる。前述の文科省の調査を見ると、保護者が支出した2021年度の1年間の子ども一人当たりの学習費総額(学校教育と学校外活動のために支出した費用)は、公立中学では53万8799円だが、私立は143万6353円と約3倍だ。

東京都の「2024年度　都内私立中学校の学費の状況」を見ると、入学金を含む初年度納付金(総額)の2024年度の平均は100万9362円で、前年度より約2万円超の値上りとなった。初年度納付金(総額)の最高額は211万7800万円、最低額は66万8000円だった。

初年度納付金(総額)が高い学校は、1位が上野学園(国際コース)の211万7800万円、2位が玉川学園中学部(IBクラス)の192万2300円、3位はドルトン東京学園中等部の154万円、4位が成蹊(国際学級)の149万6000円、5位が慶應義塾中等部の145万円となる。一方、初年度納付金(総額)が低い学校は、1位が八王子実践、サレジオの66万8000円、3位が愛国の71万5000円、4位が開智日本橋学園の74万8000円、5位が北豊島の76万2000円、6位が東星学園の77万6700円だった(表2-1)。

表 2-1　都内の私立中学校の学費の状況

	高い学校		低い学校	
	学校名	金額(円)	学校名	金額(円)
初年度納付金(総額)	上野学園(国際コース)	2,117,800	八王子実践，サレジオ	668,000
	玉川学園中学部(IB クラス)	1,922,300	愛国	715,000
	ドルトン東京学園中等部	1,540,000	開智日本橋学園	748,000
	成蹊(国際学級)	1,496,000	北豊島	762,000
	慶応義塾中等部	1,450,000	東星学園	776,700
授業料	玉川学園中学部(IB クラス)	1,351,000	愛国	300,000
	上野学園(国際コース)	1,350,000	北豊島,日本体育大学桜華,修徳	360,000
	ドルトン東京学園中等部	930,000	八王子実践,帝京,帝京大学	372,000
	慶応義塾中等部	900,000	東京立正	384,000
	玉川学園中学部(一般クラス)	857,000	郁文館(一般クラス)	387,600

(出所)東京都「東京都内私立中学校の学費の状況について」(2024 年度)より

高い学費を負担できる家庭は、受験塾にとっては優良顧客だろう。塾業界は当然、客単価を上げるための事業戦略を練る。受験塾が難問を扱い、学校を先取りしてカリキュラムを組むのは、客単価を上げて儲ける仕組みの一端なのではないだろうか。

受験塾を見ていくと、難問を扱い、それについていけない子どもの学習をサポートする個別指導塾を併設するケースが目立っている。塾では小学4年生頃から5〜6年生の勉強を先取りして行うのが一般的で、小学4年生の途中や5年生から受験勉強を始めると塾のカリキュラムに乗り遅れてしまう。そこにビジネスチャンスが生まれている。

都心で受験塾選びをしている最中の加藤純子さん(仮名、40代前半)は「大手の入塾テストを受けたら不合格で、個別指導塾を勧められました」と戸惑う。

小学4年生の娘が冬休み前に「自由な校風の学校を受験したい」と言い始めた。娘は学校のテストのほとんどで100点をとるが、学校の教科書を超えた受験用の勉強はしていない。純子さんは塾との面談で娘が受けた難しいテスト問題を見せられ「今の成績で入塾は厳しい。グループ経営する個別指導塾しか案内できない」と告げられ、焦りを感じた。一方、地元密着型の小規模塾で入塾テストを受けると「今の段階でも偏差値が65あると見ています。受験勉強に慣れてくれれば、御三家も狙える」と説明された。純子さんは「大手はわざと難しいテストで落とし、高い授業料がとれる個別指導塾で儲けたいのではないか。そもそも、こんなに難しい問題を小学生のうちからやる必要があるのか」というモヤモヤとする気持ちを抱かざるを得なくなったのだ。

小学生の学習サポートも行う医学部予備校「エースアカデミー」を運営する高梨裕介さんは、中学受験塾が難易度の高い問題ばかりを解かせることに異を唱える。

「大学受験で難関と言われる医学部でも、本来は基礎さえしっかり勉強すれば合格できるのです。これは中学受験でも同じ。小中学生の勉強によくある間違いが6つあります」

その6つとは、①難しい問題の授業を聞く、個別指導を受ける、②成績がよい人の真似をする、③志望校や成績の目標を決める、④難しい問題を解くことで思考力をつけることが大切だと思い込んでいる、⑤よい塾や最上位クラスに「所属」することにこだわる、⑥他人と比較する――ということ。

難しい問題に取り組むと知識の〝上滑り〟を起こしてしまうという。つまり、成績を上げたいと思うあまりに焦ってしまい、かえって理解が浅くなって成績が伸びなくなるというのだ。

高梨さんは「難しすぎる問題を解くのに何時間勉強しても分からずに成績が下がることがあるため、「最悪の学習方法」だ」と強調する。難問を解く努力をしてきた結果、試験本番で難しい問題に手を出してしまう。解くのに失敗すればモチベーションが低下して自信を失う。志望校や成績の目標を決める際も高い目標を立てがちで「上滑り」を起こしやすく、親子にとってストレスでしかなくなり、やはり、モチベーションを下げて自信をなくしていくことにつながる。

塾の講師は「解説書」をもっているため、分かりやすく解説することはできても、生徒自身が試験中に解けるように教えられるわけではない。合格点は満点ではない。入試の一番難しい問題は合格者でも解けていないことがある。それには手を出さず、解ける問題からやることが必要だとされる。にもかかわらず、なぜ進学塾で難易度の高い問題を解かせるのか。高梨さんはこう説明する。

「もともとの成績がいい児童を集めることで〝御三家〟などの合格実績を出したいと進学塾は考えています。そうなると、一部の成績のいい子が塾をやめないような授業を行う必要があります。基礎的な問題を出すと簡単すぎて塾に通う意味がなくなるので難問を扱い、楽しい授業になるよう工夫する。大多数の子どもたちにとっては授業がきついものになりますが、難問に取り組めば御三家に合格するかもしれないと期待して塾に通い続け、塾についていくために個別指導まで受けることになります。そのボリューム層が塾の儲けになるのです。

しかし、御三家に合格するような子の多くは、塾で習うテクニックを必要とはしていません。ノウハウを学ばずとも自分で難問が解け、教えられなくても難関大学の受験問題まで解ける子もいる。もともとの偏差値が高いので、そもそも偏差値を上げるための勉強を必要としていないのです。そうした子を真似してはいけない。それなのに、塾は難しい入塾テストを行って保護者を煽っているのです」

子どもを受験塾大手に入れた親たちは、「毎月テストの成績順でクラスの順が決められ、合格圏外でも塾から御三家を勧められました。けれど、様子を見ていると難しい問題を解くのが楽しくてしょうがないタイプの子が御三家に受かる子なのだと思いました。うちは無理だと悟ってあきらめました」と口を揃える。

1988年生まれの高梨さんは自身の中学受験で関西の最難関の灘、東大寺学園、洛南、洛星に合格しており、こう続ける。

「最上位クラスや成績による席順は、もともと成績がいい生徒にいかに気持ちよく通塾してもらうかという意図があるため、一般の子どもたちの成績を伸ばす効果はありません。知識が「上滑り」して大量の時間を無駄にするだけです」

高梨さんは、今の中学受験をスポーツに例える。

「ごく普通の子が進学塾で難問を解くのは、プロ野球選手の大谷翔平みたいになれるかもしれないと言って、いきなり時速150キロの投球をするピッチャーに対峙して試合に出てバッターボックスに立つようなもの。本来は基礎が大事で、ランニングからコツコツ始めなければならない。スポーツなら無理をすればケガをするためそこで気づくことができますが、勉強ではケガをしないので気づけず、親が「あの子はできるのに」と他人と比べて無理をさせてしまうのです」

難しい問題で受験対策をすれば偏差値が上がるという誤った思い込みで親がプレッシャーを受け、他人と比べて偏差値に振り回されていく。子どもは塾も勉強も嫌いになっていく。子どもが小学生のうちはテストの点数がいいとご褒美をあげればモチベーションアップにつながっても、だんだんと効果がなくなる。そのうち、親は子どもに勉強しなければテレビを見てはダメ、ゲームをしてはいけないと罰を与えるようになる。なかには漫画を破り捨てる、家から追い出すなどの行動に出る親も多く見てきた高梨さんは、「医学部受験生の約６割が深刻な親子関係に悩んでいます。勉強の前に親の思い込みを変え、子どものメンタルを整えなければならない」と、親子からの匿名での相談に動画で答えるなど親子関係の修復にも時間を割いている。そして高梨さんは、こう断言する。

「受験は難問を解くことよりも、基礎を徹底することが重要です。次に、理解しているけど定着できていない基礎問題を繰り返す。基礎を徹底すると、自然と理解できる問題が増えていきます。それを繰り返すことで成績が伸び、合格するのです」

役所は私立学校に介入できない

東京都内では、私立中学１８２校、募集人員の合計２万５５８７人（２０２３年度）入学者選抜試験が実施され、例年２月上旬は難関校や人気の高い学校の試験が集中する。私立中学の受験は、２月１

日の午前と午後、2月2日の午前と午後など、午前・午後で分かれて行われる。そして、学校によっては、複数回を受けることができる。東京都の「都内私立中学校の学費の状況について」によれば、入試の検定料の平均は2024年度で2万3946円。受験料の設定も各校独自だ。例えば、合計4回の入試を実施して4回分をまとめて申し込むと「セット割引」があるケースもあれば、都度一律に受験料をとるケース、入試を受けるたびに支払うが回数を重ねると割り引かれるケースなどさまざま。

都内の入試が例年2月1日以降に行われることから、1月に入試を実施する都外の私立中学校では、入試の練習や滑り止めを兼ねて受験生が殺到。毎年1万人以上もの受験生が集まる中学もある。受験料収入だけでも、多額になると見られる。最初に本命の学校の試験を受けるか、早い段階で滑り止めを受けて合格をつかんでから難関校にチャレンジするか——。入試の申し込みが前日深夜までなど、ギリギリまでオンライン申請できるため、各家庭は受ける学校の戦略を練る。

こうした状況について、1年前に息子の中学受験を経験した西野智子さん(仮名)は「合格したいと思えば、何回でも必死に受けるものです。まるで足元を見られているようだ」と憤りを隠せない。複数の学校の試験が同じ日に重なるため、智子さん親子も2月1日の午前は合格圏にある学校を受けるか、合格圏外でもチャレンジ校を受験するか、この学校が合格なら2月2日はここ、と、日程表と入試倍率と睨《にら》めっこしながら2月5日まで午前と午後に受けられる学校のパターンを考えていた。

「ギリギリまで申し込めることで、試験が単なる確率論になってくると思えてきました。回数を受ければ加点がつく学校まである。そうなってくると、本当に行きたいと思う学校だけを受けるわけでなくなるのです。これが、中学受験が過熱するマジックなのだと思いました。何年も勉強し続けた子どもたちにとって、入試当日は力を出し切る日。それなのに、そんな子どもたちのことなど考えていない。

難問を扱う大手塾でその波に乗れば「一流の仲間入り」と思ってしまう。受験は親まで正常な判断を失うため、塾が子どもを商売の材料としか見ていないことに気づけなくなるのだと思います。学校側も集金のための入試でなく、頑張っている子どもたちに対して誠実な試験をしてほしいと強く感じました。子どもは一生懸命。受験ビジネスに巻き込まないで」

１回当たりの受験料は2万５０００円前後。これを何度も受けることができるようにし、受験生を多く集めれば、学校にとってはそれなりの収入になる。まだ義務教育課程である中学でも、前述したような入試の方法を含めて仮にモラルに反し、ビジネス化していたとしても、行政は介入できないのだろうか。

そもそも公立と私立とでは所管が異なる。市町村が設置する中学校は、都道府県の教育委員会が管轄している。一方の私立中学の設置廃止や設置者の変更については、学校教育法によって都道府県知事による認可が必要とされている。所管は各都道府県に私立学校主管部課がある。

通常、学校の設備、授業、その他の事項について法令の規定や都道府県の教育委員会や知事が定める規定に違反した時は、学校教育法の第14条が根拠法となって行政が介入することができる。同法第14条では、大学と高等専門学校以外の市町村が設置する学校（公立の小中高校など）は都道府県の教育委員会が、大学と高等専門学校以外の私立学校（私立の小中高校など）は都道府県知事が、その変更を命じることができるとされている。

ところが、私立学校は私人の寄附財産などによって設立・運営されていることから建学の精神や独自の校風が強調され、所轄庁による規制ができるだけ制限されている。私立学校法の第5条で、「学校教育法第十四条の規定は、適用しない」という特例が設けられていることから、私立学校の運営について行政は介入できないことになっているのだ。そのため、もしも入試の方法に疑問がある、校則が厳しすぎる、学費が高いなどの問題があっても行政は一切口を出せない。私立中で何か問題があると教育委員会や所轄庁に告げても、よほどの法令違反でない限りは手も足も出ないのだ。

一方で、例えば東京都は私立中学に対して、学校運営に必要な人件費や教材費などの「経常費補助」を行っている。2024年度は都内183校に合計で約301億円が補助されている。2022年度の内訳を見ると私立中学1校当たり平均で1億4752万円を補助している。海城、共立女子、國學院大學久我山、山脇学園、実践女子学園、広尾学園など、学校によっては補助額が2億6000万円を超えている。経常費補助が2億円を超える私立中学校は都内で40校だった（表2-2）。

ただ、前述のとおり行政は補助金を出していても、たとえもし何か問題が生じても私立中学の運営については何ら指導もできず、是正を求めることもできないのが実情だ。

表 2-2　都内私立中学校で 2 億円以上の経常費補助を受ける学校(2022 年度)

中学校名	(千円)
海城中学校	291,251
共立女子中学校	291,132
國學院大學久我山中学校	280,970
山脇学園中学校	276,180
実践女子学園中学校	265,634
広尾学園中学校	260,400
本郷中学校	259,746
城北中学校	257,841
成城中学校	257,294
芝中学校	254,750
大妻中学校	247,955
開成中学校	244,278
日本大学第三中学校	244,112
麻布中学校	243,838
早稲田中学校	243,019
富士見中学校	235,814
成蹊中学校	233,509
桐朋中学校	231,838
鷗友学園女子中学校	231,813
攻玉社中学校	231,155
駒場東邦中学校	228,477
跡見学園中学校	228,160
東京都市大学付属中学校	227,909
日本大学第二中学校	224,285
青山学院中等部	223,172
大妻中野中学校	222,911
昭和女子大学附属昭和中学校	222,460
吉祥女子中学校	221,905
豊島岡女子学園中学校	219,008
日本大学豊山中学校	217,950
高輪中学校	217,122
かえつ有明中学校	216,929
郁文館中学校	213,831
早稲田大学系属早稲田実業学校中等部	211,160
東京女学館中学校	210,646
京華中学校	208,793
安田学園中学校	208,436
獨協中学校	201,627
成城学園中学校	201,134
明治大学付属中野中学校	200,190

(出所)東京都の資料より筆者作成

親の収入ランキングと受験率

東京都の「都内私立中学の学費の状況」から、２０２４年度の私立中学の授業料の年額平均は50万３７７４円、入学金は26万３２３２円、施設費、検定料など総額は１００万９３６２円と、私立中学に通うためには決して安くはない費用がかかることが分かる。

中学受験は東京23区に集中していることから、23区の中学受験進学率(都内の中学に進学した中学生のうち国立、都立、私立中学を受験して進学した割合)と平均年収ランキングをクロスして見てみる。表２-３は、２０２３年度の「公立学校統計調査」と２０２３年の「課税標準額段階別所得割額等に関する調査」の市民税課税状況から東京23区の区ごとの平均年収を計算して掛け合わせたものとなる。平均年収は、所得に応じた納税義務者数で計算した。中学受験進学率が30％を超える区は、年収ランキングも同等の位置についている。

また、東京商工リサーチによる「２０２３年社長の住む街ランキング」(市区群ベース)から、区内の人口に対する社長比率を見ていくと、中学受験進学ランキングの上位10区のうち中央区(９・77％)、港区(15・10％)、目黒区(８・31％)、世田谷区(５・92％)、渋谷区(12・68％)、千代田区(12・23％)の６区で社長が住む比率が高かった。やはり、受験塾に数百万円かけられる親がいる地域で中学受験が過熱していることがうかがえる。

前述のように首都圏全体では約５人に１人が中学受験しているが、地域別の受験進学率を見ていく

表 2-3　東京 23 区別の中学受験による進学と平均年収

受験進学ランキング	地区名	受験進学率(%)	収入ランキング	平均年収(万円)	社長の住む街ランキング(社長数)	社長が住む比率(%)
1	文京区	53.5	5	642	19	5.98
2	中央区	49.4	4	702	15	9.77
3	港区	47.4	1	1,070	2	15.10
4	目黒区	43.3	6	630	9	8.31
5	渋谷区	40.3	3	811	3	12.68
6	千代田区	40.2	2	942	23	12.23
7	世田谷区	38.6	7	562	1	5.92
8	新宿区	37.8	8	560	4	8.36
9	杉並区	36.3	10	476	7	4.41
10	豊島区	35.2	12	465	14	6.18
11	品川区	34.5	9	518	12	5.35
12	台東区	33.4	13	450	18	6.95
13	江東区	30.5	11	472	11	4.27
14	中野区	28.6	14	433	16	4.88
15	北区	26.2	18	397	20	3.56
16	荒川区	25.7	19	395	22	4.52
17	大田区	23.9	15	432	5	3.85
18	練馬区	21.4	16	422	6	3.63
19	墨田区	19.7	17	406	21	4.32
20	板橋区	18.6	21	379	13	3.44
21	葛飾区	16.3	22	361	17	3.20
22	足立区	15.1	23	355	10	3.33
23	江戸川区	13.0	20	380	8	3.40

(出所)東京都「公立学校統計調査報告書」(2023 年度)，総務省「市町村税課税状況等の調」(2023 年度)，東京商工リサーチ「全国「社長の住む街」調査」(2023 年)を基に筆者作成

と地域の半数が受験している実態が分かる。都内の公立小学校を卒業した子どもたちのうち、都内の学校に進学して「都立・国立・私立中学」に入学した割合は、文京区が最も高い53・5％で、過半数を占めた。次いで中央区が49・4％、港区が47・4％、目黒区が43・3％と高い。

つまりは親の収入の高いことで中学受験が成り立つのだが、こうした地域のなかでは中学受験自体が「右へ倣え」となりがちで、不本意ながら巻き込まれるケースは決して少なくないのだ。

「周囲は前のめりですが、うちは〝後ろのめり〟で始めた中学受験。もし地方にいたら、受験させようだなんて思っていなかったはずです」

小学生の半数が受験進学する地域に住む本田美咲さん(仮名)は、迷いながら娘の中学受験を支えている。娘は勉強が嫌い。塾に行くのも「絶対に嫌だ」と言いきっていた。学校の友達が次々に塾に通い出すと、夫婦でどうしようかと話し合った。クラスで受験しないのは2割ほどしかいない。中学受験したほうがいいという夫の意見で受験することが決まった。

小学3年生の夏から大手の塾に入ったが、その地域では既に出遅れ感があった。最初は週に1回からの通塾だったが、毎回、娘は塾に行くのを嫌がった。スポーツが好きで習い事は行きたいが、塾は嫌。美咲さんがなだめてやっと塾に通った。美咲さんも夫も地方出身で中学受験の経験はない。東京の私立大学に入学した夫は、中学から上がってきた同級生らが優秀に思えたという。東京の教育レベルは高い。そう感じたことが娘の受験を後押しした。

地方なら特定の私立中学しかないが東京は私立中学が多く偏差値もまちまち。受験してまでして入るのに偏差値の低い学校があることに、美咲さんは驚いた。

「トイレやお風呂に入って長い時間出てこないのを見ると、勉強するのが嫌なのだなと分かります。娘を見ていると、受験するのは今ではないと感じます。小学生でこんなに勉強しないといけないなんて、悲しいですよ。頑張ったらいいことあるよと諭していますが、娘がやりたいと言ってない中学受験をさせるから、心苦しくて……。

やる気が出てから受験するのが理想だとは思いますが、大学受験を考えると、そうはいっていられないのではないかと焦りました。都心に住んでいなかったら、中学受験はしなかったと思うんです。中学受験するとなった今となっては、どこかに合格してほしい」

美咲さんのように、皆が受験するから〝右へ倣え〟と、消極的な状態で受験を決めて塾に通うケースも決して少なくはないだろう。

学研教育総合研究所は、全国の小学生の子どもを持つ20～59歳の保護者を対象にインターネット調査を行い、各学年の男女それぞれ100組の回答をまとめた「小学生白書Web版」（2023年10月調査）を公表している。そのなかの「小学生の日常生活・学習に関する調査」では、「放課後の過ごし方について、1日にどれくらいの時間を費やしているか」を尋ねており、「テレビ視聴」がトップの81分。次いで、「ゲーム」（56分）や「インターネット（動画視聴など）」（55分）と並んで、「塾・習い事」が51分だった。「学校以外で行っている習い事はありますか」（あてはまるものすべて）の問いに対し、1位「水泳」（27％）、2位「受験のための塾・学校の補習のための塾」（19・3％）、3位「英会話教室」（15・

4％）だった。塾の順位は2022年調査の3位から上昇した。学年別では、1年生から4年生までは「水泳」、5年生と6年生では「受験のための塾・学校の補習のための塾」が1位だった。塾には、小学1年生の10・5％が通っていて、6年生で30・5％に上昇している。

地方でも中学受験が過熱

これは決して都市部だけの話ではない。福島県、群馬県、茨城県、静岡県などから都内の御三家に新幹線や特急電車で通学するケースも珍しくはなくなっている。地方でも名門公立高校に附属中学が作られ中高一貫校になると、その地元は〝受験狂騒曲〟に巻き込まれつつある。

関東地方のある名門進学高校の関係者は、「生徒の自殺未遂が相次いでいる」と明かす。偏差値が70以上で県内トップの公立高校に附属中学ができて校長が変わると、それまで自由だった校風が一変。校長が目指すのは、東大や京大、医学部に何人合格したか。その複数の関係者は「高校が大学合格だけを目指す予備校化していき、たちまち学生から多様性が奪われていきました。中高一貫になると、一層と高校が予備校化してしまった」と心配する。

地元の塾は早速「県立○○高校附属中学に何人合格！」という看板を出してPRしている。受験塾で課題を与えられ、親から言われたことをそつなくこなしてきた〝いい子〟が合格してくるケースが増えているように見えるという。前述の学校関係者は、中高一貫校になってからの様子をこう語る。

「それまでは中学受験は地元では一般的ではなく〝特殊な世界〟だったのに、小学４～５年生から受験塾に通わせる家庭が、じわじわと増えていきました。結果、入学式には小綺麗な恰好の母親に連れられた〝いい子〟ばかりが来る。生活が苦しいなかで頑張って合格したのだろうと思わせるような親子は見当たりませんでした」

中学受験で先に「名門校」の椅子を勝ちとることができるのは、費用がかかる受験塾に通うだけの余裕がある家庭となるだろう。中学で受験すれば、高校受験の土俵で競わなくても競争が激しくなる前に席を確保できる。その分、高校から入学できる定員が減ってしまうため、それまで高校受験で合格できたはずの受験生が落ちることもある。実際、名門高校の合格者を多く出していた公立中学校の合格者数が減るという影響を受けており、県立高校に附属中学を作るということは地域の進学のバランスを不当に崩しかねず、その余波は大きなものとなりそうだ。

公立の附属中学の入学者に富裕層が多いことを裏付けることが起こった。中学生が修学旅行で海外に４泊５日したというのだ。費用はもちろん自己負担。保護者の誰一人からも反対の声はあがらなかったという。同窓生らは「長期滞在でなく、中途半端に海外に行く意味があるのか。予備校と化すような中高一貫校それ自体も、公教育がすべきことなのか」と強い疑問を抱いている。

東京では港区が２０２４年度の区立中学校の修学旅行先をシンガポールに決めて波紋を広げた。公立中学の修学旅行先が海外になるのは都内初で、全区立中学の特別支援学級も含むすべての３年生が３泊５日で旅行に出るとしたが、わずか数日の海外旅行を公教育で行う必要があるのか。

前述の公立の中高一貫校は偏差値が70以上でも生徒は入学後、「何して勉強すればいいか分からない」と悩んでいるという。つまり、指示がないと自分で勉強の段取りをつけられないのだ。もともと塾が考えるカリキュラムに従って受験対策をこなしてきた子どもが入学する傾向が強まっているところに附属中学ができたことで、小学生の頃から指示を受けてそつなく勉強をこなす子どもが増えていく。すると試験に合格して入学して自由な校風の環境に身が置かれると「何をしていいか分からない」と思考が停止してしまうのだ。保護者は保護者で、近隣の私立高校が大学受験に向けてカリキュラムを組むなど「至れり尽くせりの予備校のようだ」と言って「どうして進学校なのにうちの高校は受験の指導をしないのか」とクレームをつける。

同校では校長が代わってから「東大、京大、医学部」への合格が重視され、受験勉強ばかりにプレッシャーがかけられるようになったことで、クラスで1~2人がメンタルヘルスを崩している状態。自殺未遂した学生が何人も保健室に身を寄せるようになったという。このような状況について、前述の学校関係者が憤る。

「何も難関大学の合格がすべてではない。もともと教員が何も言わなくても一定数が東大に合格している。私立と同じことをするのが公立の役割ではない。公教育なのだから、地域に残り、地域に貢献する人材を育てるべきだ。偏差値の高い大学に進学することを目的とすれば、都市部に出た子どもたちが戻ってくるとは限らない。公教育とは、東京に出ていく若者を育てることではないはず。教育現場が中高生のうちから地元企業を知る機会を作ることが必要だ。地元で活躍している大人を知ってもらうことこそ、公教育がすべきだ」

そもそも中高一貫校は、少子化のなかで私立の学校が生徒を囲い込むために始められた側面がある。私立の中高一貫校のなかには予備校と提携するなど大学受験対策に手厚く、授業を先取りして高校２年生のうちに終わらせ、３年生をまるまる受験対策の時間に当てることをウリにしている学校も少なくない。すると、ただでさえ少子化で子どもの奪い合いとなるのに、大学合格の実績を掲げる私立に人気が流れ、県立高校に欠員が出てしまう事態に陥る地域もある。公立も私立の動向を無視できず、「高校受験のない中高一貫の6年間で特色ある教育を行う」などをうたい文句に、中高一貫化が進んでいる。

公立の場合、学校教育法の改正によって１９９９年度から中高一貫教育を行えるようになった。中高一貫校には、中学校と高校が併設されて高校に無選抜で入学できる「併設型」と調査書やテストの成績以外の資料で入学者を選抜できる「連携型」、高校からの募集は行わないで6年間を通した教育を行う「中等教育学校」がある。文部科学省の「学校基本調査」によれば、中等教育学校は２０２４年度で59校あり、設置者別では、国立が4校、公立が35校、私立が20校となっている。在学者は過去最高の合計3万４５１４人となった。

そうしたなか、前述の中高一貫校化を推し進めた知事は「地域の中の学校として、地域の人材を地域で育成」「トップレベル人財の育成」などを掲げてエリートの輩出を目指すというが、逆の現象が起こりつつある。地元の教育関係者は「中学受験をするなかでもトップの層は、地元からでも電車で通学可能な東京の御三家に入学してしまいます。中学から東京に出てしまえば、地元に愛着が生まれるはずがない」と人材流出を懸念している。

知事がいうエリートとは「東大、京大、医学部」に合格する子どもたちで、椅子取りゲームができる富裕層という狭いなかから選抜される人材でしかない。政治家が〝教育改革〟を行ったというための実績作りとしかなりかねず、「ノブレス・オブリージュ」とかけ離れていく。

ノブレス・オブリージュとは19世紀にフランスで生まれた言葉で、当時の階級社会のなかで貴族を指して「身分の高い者には、それに応じて果たす社会的責任と義務がある」という意味がある。自己の持つ力を磨き、その能力を社会に還元する。それが真のエリートであるはずだが、県立高校の中高一貫校化には、そうした行く先への意識があるのだろうか。

一方、その地方の私立学校も生徒の獲得に必死だ。県立に負けまいとユニークな教育を目指して入試は柔軟な発想を問うような設問に変わりつつあるとされる。〝集客〟を睨《にら》んだ立地戦略で、交通の便の良いところに学校を移転するなどして人気を集め、地方でも受験熱が高まりそうだ。

東海地方のある県でも2025年に県立の名門高校が中高一貫化するに当たり、大手予備校はうごめいている。附属中学の受験に向け2023年4月に小学4~5年生になる児童を対象にした「中学受験クラス」を開講。最難関の名門校の中学受験では入試倍率が10倍になると予想し、不合格だった場合に高校受験で他の名門校に再チャレンジできるよう特別な受験クラスまで設置する計画だ。

あえて受験しないという選択

こうした動きを冷静に見極め、受験産業が作る渦に巻き込まれないようにする役割が親にはあるのではないだろうか。

増田亜紀さん(仮名)は小学6年生の娘がいるが、多額の塾代に疑問を抱いたこともあり、「もう受験はやめました」と割り切る。出版社勤務の亜紀さんの同僚たちは、中学受験が当たり前。子どもに小学校受験させる同僚も多い中で、中学受験しないことに「嘘でしょ!?　信じられない！」という反応をされ、職場の空気が微妙な雰囲気になってしまう。

娘が通う学校では半数近くが中学受験するが、子どもたちの間では「受験する子」「○○塾に行っている子」とカテゴライズされていることにも疑問を持った。3年生の時に大手の塾を見学すると、講師が子どもたちに「みんなはエリートになるんだから」と言って注意をしていた。まず、その様子に違和感があった。

当初は周囲に流されるようにして、いくつか見学したなかでアットホームな雰囲気のある塾に入ったが、塾からは1日に2時間は家で勉強するようにと言われた。そのうち娘は、ご飯を食べる気力も風呂に入る元気もなくした。塾からは小学5年生になると21時までの授業になるため、弁当を持参するように言われた。周囲のママ友は、6年生で塾にかけた費用が年間２５０万円だという。今後、塾の費用がかさんできた時に、娘にやる気があるのかどうか。「このまま中学受験のレールに乗っていいのか」と迷いが生じた。

「理想通りにいかなければきっと、「お金と時間をかけたのに！」と言って〝コスパ〟で子どもを見てしまうようになると思うんです。そうなったら嫌だと思いました」

新型コロナウイルスの感染拡大もあって、娘のモチベーションは下がっていた。亜紀さんも、「まだ10歳くらいで〝名門校〟というイメージだけで頑張るなんて苦しい。なにより金銭面で受験生活を支えられない」と感じていた。皆が受験するからという理由で〝課金地獄〟に陥ることへの疑問もある。なにより、「いったい、みんなは何をゴールに中学受験しているのだろう」という疑問が払拭できず、娘が5年生の時に受験しないと方針を決めた。

「私たち親の多くが就職氷河期世代です。皆、不安だから子どもにお金をかけるんだと思うのです。でも、塾詰めの生活で、その子はどんな大人になっていくのか」

格差社会が、中学受験を過熱させる大きな要因の一つになっているのではないだろうか。不安を煽られれば、〝課金地獄〟に落ちても不思議ではない。こうした中学受験の過熱ぶりについて、首都圏の自治体議員が危惧する。

「難関中学に入学して〝エリート〟と呼ばれる子どもたちが高校生くらいになると「自分たちは皆が遊んでいる時に頑張った。努力していない奴が困っていても、助ける必要はない」と言い始めるのです。就職氷河期で苦労した親が「勝ち組」「負け組」を強く意識していることが影響している。それが、いわゆる優生思想を助長しかねないのではないでしょうか」

第二次世界大戦中のナチス・ドイツでは、「断種法」に基づいて障がい者に強制的な不妊手術を行い、戦時下の病院で精神障がい者を安楽死させる「T4作戦」が行われ、精神障がい者や知的障がい者を生きるに値しないとした思想が国策に反映された。ドイツの影響を受けた日本では1948年に旧優生保護法が成立して「優生上の見地から不良な子孫の出生を防止する」(第一条)ことを目的にして、障がい者の強制不妊手術が行われた。これは現行憲法の下で障害者の生存を否定する人権侵害で、1996年まで続いた。

旧優生保護法の下で不妊手術を強制されたことが憲法違反だとして、全国の障がい者が国に対して5件の損害賠償訴訟を起こしていたが、2024年7月最高裁判所の大法廷は、裁判官15人全員一致の意見として国に賠償責任を認める初の統一判断を示した。旧法を「個人の尊厳と人格の尊重の精神に反する」として立法時から違憲とし、不法行為から20年で消滅する損害賠償請求権の「除斥期間」は適用しなかった。

2016年、相模原市の知的障がい者施設の「津久井やまゆり園」で起こった職員による入所者19人の刺殺事件では、植松聖死刑囚が「意思疎通のできない重度障がい者は生きる価値がない」と動機について語っている。障がい者差別の優生思想は今もなお根強く残っており、現在の新自由主義と重なる部分が多い。

「努力してこなかった低所得者や貧困層を助ける必要はない。努力して勝ち組になった自分たちが納める税金を、貧困対策に使ってくれるな。今が苦しいのは自己責任だ」——。

10歳にも満たない子どもたちが日々、寝る間も惜しんで勉強して点数を上げる受験のレールに乗せられた結果、そうした考えに行きついても、不思議ではない。

神奈川県在住の太田徹さん(仮名、40代)は、中学受験の現状について「ハムスターがひたすら走ってカラカラと回る「回し車」に乗せるだけ」と例え、小学生の娘は中学受験させない方針だ。

「有名な受験塾というケージの中で、回し車をうまく走ることができるのか。その塾がダメなら次の塾へと、違う回し車に乗せていく。もちろん勉強はできたほうが良いですが、今の中学受験はどうなのか。ただカラカラと上手に走らせられるかどうかで、それが脚力をつけているとは思えないのです。その回し車は親が用意するもので、子どもには相当の負荷がかかっている。そこまでしないと入学できない私立中学に行かせて幸せなのか。目指す学校という檻のなかで走る体力がついただけではないかと思うのです」

親も子も、それぞれの人生がある。徹さんは、「親が子に何かをやらせなきゃと焦る必要はないのではないでしょうか。知識だけ詰め込んで試験を受ける今の子に本当に生きる力がつくのか」と疑問を感じている。勉強は好きだが不登校気味の娘を見ていて、思うところがある。

「私も小学3~4年生の頃は学校がつまらなくて毎日、図書館で過ごしていたのです。公立の小学校だったけれど、今とは違って寛大でした。図書館には司書さんがいて、良い本を勧めてくれたりしました。公立に絶望して私立を受けるとか、どこかの支援を受けてプログラムをこなせば解決するわけではないと思うのです。自然のなかで、無のなかで自分と向き合う時間が必要な時がある。小学生は、そういう時間を大切にしたほうが、生きる力が養われるのではないでしょうか」

保育園から早期教育

中学受験は、ある種の早期教育の現れだ。この早期教育の流れは保育園にまで及び、保育士が困惑している。今や、保育園でも英会話やリトミックなどの「課業」を教えるため定期的に外部講師を呼ぶことが多くなっている。

子どもたちは2〜3歳になると、土日は英会話、スイミング、ピアノ、リトミック、公文などの習い事漬け。保育士たちが「子どもはいつゆったり家族と過ごすのだろう」と心配する。

都市部のある認可保育園では、保護者からの強い要望で年長クラスはひらがなや計算のドリルを行っている。課業やドリルを実施しない保育園では、保護者がいわゆる勉強を求めて幼稚園に転園するというケースもある。中学受験の過熱から、もっと早いうちに席を確保しようと小学校受験を考える親も珍しくない。都内のある保育園運営者が、保護者の実情を語る。

「教育熱心な保護者であると、登園しない土日は習い事漬けです。子どもはハードスケジュールになるので、月曜に登園すると疲れ切っています。子ども同士の噛みつきや引っかきなどのトラブルが月曜に起きることが増えました」

なかには「0歳からドリルをやらせて」と要望する保護者も少なくないという。

「習い事も、その子が好きなことを伸ばしたいというのであればいいと思うのです。けれど、泳ぐのが嫌だ、プールは怖いと言って泣きながら抵抗している子を「苦手なことを克服させる」といってスイミングに通わせる親もいます。乳幼児期に本人の嫌なことをわざわざやらせる必要があるのでしょうか。結局、子どもがしたいことではなく、親がさせたいことを習わせている。そこに主体的な学びがあるのか疑問なのです」

地方の認可保育園の運営者の川上博子さん(仮名)は、こう語る。

「保護者には何か勉強をさせていなければならないという不安や焦りから、英語などの勉強をさせたがる傾向があります。プリント学習のような勉強をしていると分かりやすいアピールをすれば、園児を集めるのが楽になる現実もあります。ただ保育現場からすれば、子どもにとって無理があるのがよく分かります」

ここでも、やはり、いわゆる教育を求めて子どもを幼稚園に転園させた親がいたという。同じ地域に住む子が幼稚園でお稽古ごとを習っているのを知り、3歳児の時に転園していった。そして川上さんは続ける。

「おままごとでも何でも、子どもが夢中になって遊んでいる時、その状況そのものが、集中力が養われているのです。その状況を見守ってあげるうち、子どもの知的好奇心が深まり、探求心につながっていきます。自分で調べる意欲が育ち、誰かに言われなくても自分で判断できるようになる。子どもが遊び込むことが将来、自分の力を発揮する基礎になることに、多くの親が気づいていない。そうしたなかで中学受験が煽られ、親は不安になって保育園のうちから何かさせようとしてしまう。その先にあるのは、効率重視で社会のことを考えない大人が増えるだけではないでしょうか。勉強させていい大学を出て、本当にその子の力を育てているのか、立ち止まって考えたほうがいいと思うのです」

私立の進学校の元高校教師で現在は保育園の経営者が、「幼児期から勉強、勉強と急かされると「決められない子」が育ってしまう」と実感している。

「幼児期から早期教育のなかにいると、子どもは大人の顔色をうかがうようになる傾向があります。「やりたくない」と思うより先に、大人の言う通りにできてしまう子もいます。自我が芽生えるより先に他人からの評価を気にすると、結果、中高生になってから自分の意志で物事を決められなくなる子どもたちが多いと感じます。

高校教師の時、文化祭で「好きなことをしていいよ」と言っても、生徒は何をしていいか分からないのです。指導しなければ動けない、進路も決められない高校生が多かった。従わせる保育や教育をすると、その子が考える・判断する力を奪っていくのです。大人がおぜん立てするのは子どものためでなく、大人にとってやりやすいからでしかない。管理された早期教育だと、結局、子どものためにならない」

地方のある認可保育園では、０歳児の保育室に、ひらがなとアルファベット表を貼っている。１歳から机と椅子に座らせ、鉛筆を持たせている。2〜3歳からは楽器を使って合奏の訓練が始まる。皆についていけず楽器がうまく演奏できない園児に対して保育士は「下手な子は音を出さないで！」と指導しているが、それを知らない親から人気のある保育園だという。園児数が200人規模のマンモス園で、一人ひとりに目が行き届かない。

その保育園を卒園した子どもたちが入学する小学校では「あの園からくる子は荒れている」で有名。未就学児のうちに「あきらめること」を覚えた1年生の児童のやる気を起こさせるのに教員らが苦心していると地元ではもっぱらの評判だ。一方で、大人から言われた通りに〝勉強〟してきた子は、小学校入学時に、ひらがなや算数を覚えてしまっているため授業がつまらない。早期教育が教員を疲弊させる原因の一つにもなっている。

東京23区内にある保育園の園長は、近隣の公立小学校と交流するなかで教員が疲弊し、教育指導が画一化していく様子を見て、こう感じている。

「私たちは保育園で「主体的に活動できるように」と子どもたちを育てています。ところが、卒園して小学校に入ると、右に倣えというのが小学校かと思うくらい、子どもたちが均一化されていくのです。自分の気持ちを伝える、やりたいことを見つけて夢中になる。そういう主体性のある子どもたちに育てても、小学校で潰されてしまう」

その保育園でADHD（注意欠如・多動症）の可能性があって検査を受けると結果が曖昧だった子どもがいたが、主体性を大事にする保育園のなかで落ち着いて過ごしていた。臨床心理士も「普通級に進学するので大丈夫」と言っていたのにもかかわらず、小学校に入学した4月に「通級に行ってください」と学校側から言われた。保育園で「主体性」のある子どもたちが、小学校では「自由人」と呼ばれてしまう。そのような状況に直面している同園長は、自分の子どもを地元の公立小学校に入れずに、私立や国立の小学校を受験させるか真剣に悩んでいる。

「小学校の教員も大変なことは理解しています。けれど、運動会を見ると教員は大声を張り上げて従わせているだけで、楽しんでやっているように見えないのです。「小学校の授業がつまらない」から中学受験という子が多く、正直、子どもを公立小に入れずに受験させようかと考えているところです」

こうした親が抱える悩みや早期教育のニーズから、東京23区で認可保育園を展開する保育大手の「さくらさくプラス」社は、中学受験塾「ＶＡＭＯＳ」を買収。同社の決算資料やリリースによれば、首都圏での中学受験の過熱から傘下の保育園がある東京・月島エリアに２０２４年4月に塾を新規開校した。中央区は私立進学率が東京23区内で2位となっており、保育園「さくらさくみらい」は都内のうち中央区に多く保育園があることから、保護者のニーズをつかんでの事業戦略。保護者は保育園のうちから中学受験を意識するようになり、中学受験の過熱ぶりに拍車がかかりそうだ。

ストレスで荒れる小学生

中学受験について、公教育の現場はどう捉えているのか。ある公立小学校の校長は「学校から早く帰宅させてほしい、宿題は出さないでほしい、もっと難しい勉強を教えてほしいという要望があります。そうはいっても、学校には学校のカリキュラムがある。児童が受験のストレスで荒れてしまう「高学年プロブレム」が起こっています」と頭を悩ます。

高学年を担任するある教員も「6年生の秋頃からは、受験する子ども同士のトラブルも増えてきます。ストレスからか、授業を妨害する児童もいるので学級運営がやりにくい」と本音を漏らす。受験生の多い地域に赴任する教員のなかには、保護者から「成績が下の子に合わせないで勉強を難しくして」「学校で宿題を出さないで」と注文がくることで、うつになっていくケースもあるという。ただでさえ教員の労働は過酷ななか、学校が荒れることで負担が増す悪循環となっている現場もある。

そこには少なからず、中学受験のストレスがある。家で素直に勉強をして塾に通っている子どもの場合でも、学校では違う顔を見せていることに親は気づいてはいない――。

「学校で問題を起こした児童の保護者に連絡をとって伝えても信じません。子どもは家では違う顔を見せているため、親は全く想像もできないのです」

都内の公立小学校で学習支援員として働く服部百合さん(仮名、50代)は、発達障がいのある児童をサポートしている。百合さんら支援員は授業中に教室にいて、支援を要する子どもたちが授業を理解しやすいようにアドバイスしていくが、「支援員になってから10年。ここ数年の子どもたちの変化は大きく、学習支援どころではない毎日を送っています」と肩を落とす。

中学受験する児童が約半数という地域のため、難関校を目指すので有名な大手塾に通う児童が多かった。その塾では、毎月テストが行われて成績順でクラスが決められる。児童の多くが平日も22時まで塾で勉強している。教室では児童たちが、塾の成績の上下について「こいつ、○○クラス」と言って、マウントのとり合いをする。受験しない児童はクラスでバカにされ、「お前は受験しないだろ」と、掃除をさせられる。学力が届かず、その大手塾に入塾できない児童もいじめのターゲットになる。

ある男子児童は「自分より下だ」と見るクラスメートを家畜扱いし、さらには自分の代わりに授業のノートをとらせ、遊び始めるのだ。それを教員から注意されると、「こいつ、塾の○○クラスでバカだから、２回やらないと覚えない。だから、やらせているんです」と平然と言い始める。「塾通いしている児童は皆、好きなことをやめさせられて、ひたすら受験勉強をしている。そのイライラは、大人が思うより大きいのだろう」と、百合さんは感じた。

クラスの児童の多くが受験塾で学校より難しい勉強を先行して済ませているため、担任が夏休みの宿題にドリルを出そうとすると、児童たちは「そんな簡単なドリルはやる意味がない」「塾の宿題があるのにナンセンス！」「バカな問題やっても受験に役に立たない」と矢継ぎ早に不満を口にする。毎日１行の日記を書くプリントを渡せば、「夏休みは毎日が塾なのに、書いても意味がない」と声を張り上げる。

担任がはっぱをかけるつもりで「君たちのためにならないよ。だったら、いいよ、やらなくても」と言ってしまった。そうなると「時、既に遅し」だ。〝受験組〟の全員が、その場でドリルの答えを見て機械的に書き写し始めた。1行日記のプリントについても担任が「提出はしなくてもいいです」とあきらめると、約半数の児童が担任の目の前でプリントをゴミ箱に捨てて帰った。

小学校では6年生が最高学年として下級生のお手本となることが求められるが、受験組は「は？なんで運動会なんてやんなきゃなんないの？」。運動会の本番を迎えても見るからにやる気がない様子。各学年の種目が終わるのを待っていられず「なーがーいーんでーすーけーどー」とヤジを飛ばす。椅子に座って応援していることもままならず、歩き回っていた。

受験勉強のストレスに加えて、子どもたちのIT環境の変化も大きな影響を与えた。2019年、国が学校のICT環境整備を図るため「GIGAスクール構想」を打ち出し、児童にタブレットが一人一台配られたことで「学校の風景が一変してしまった」と百合さんは困惑している。

塾で難問ばかり解いている児童にとって、学校の授業は退屈でしかたない様子。すると授業中、タブレットを開いて周囲に分かるような大きな音量で堂々とYouTubeを見ているのだ。担任が児童を注意すると「うるせー！」と声を荒らげ、「加齢臭！ くせーーー！」「つまんねー、何この授業ー。意味ねぇー」「マジ消えてほしいわー」と、相手が言われたら嫌だと分かっていることを次々と叫び出す。タブレットを取り上げられると、「なんで俺だけ!? あいつだってやっている」と反発する。その教員と押し問答している間、他の児童はカードゲーム、折り紙、トランプを始めて教室はまるでカオスな状態。百合さんは次々に児童らを注意していくが「もぐら叩きのようだ」と途方に暮れる。

担任が「他の人の邪魔をして授業を受けたくないなら、廊下に出ていなさい」と言ってしまえば「は〜あ〜ぁ?」とチンピラのような口ぶりになり、「今、行けって言われましたから!」と言いがかりをつけ、廊下に飛び出してゲラゲラと笑いながらどこかに走って「脱走」してしまう。百合さんは、常にその児童たちを追いかけるのに必死だ。

そうしたストレスの矛先は、担任だけでなく音楽など専門科目の教員らにも向いた。注意を受けて気に入らない児童は「あーあー、何してくれてんの? 憲法って知ってますか? 俺ら、平等だから。精神的に傷ついたので、訴えます」と主張。タブレットには音声録音や写真、動画を撮る機能がついているため、荒れている〝主犯格〟の児童は、クラスメートに教員とのやりとりを動画で撮らせた。そして「憲法第９条って分かります? 言ってみてください。分からないのに教師やってる意味ありますか?」と、教員を責め立てる。教員が児童の体に少しでも触れようものなら、「はい! 暴力〜! ぼーりょくーーー! 精神的な苦痛を受けましたー!」「うざい、死ね!」と暴言を吐く。

言葉を誤って「帰れ」などと言おうものなら「アウト」だ。すさまじい攻撃が始まる。授業中に立ち歩くなど日常茶飯事で、注意するほどのことでもなくなった。授業中に大声を出して他の子の邪魔になるなど、どうしても注意しなければならない場面がある。男子トイレに逃げ込んだ児童をつかまえて百合さんが諭そうと、「そんなに学校にいるのが苦痛なら、家で休もうか。お母さんに連絡してあげるよ」と言ったとたん、児童は「今、帰れって言いましたよね!? 先生のせいで帰ります! あなたがそう言ったんですから」と言葉尻をとらえて詰め寄ってくる。担任が「そういう意味ではない」とかばったところで、「ひーきょうものーっ、ひーきょうーものーっ」の大号令。他の子も「マジ、キモイんですけどー!」と同調して、はやし立てるのだ。

自分たちに注意する教員は気に入らないと、児童らは「あいつをやってやろうぜ」と排除しようとする。ある時は教室を抜け出し、学校の各教室にある内線電話を使って教室に「ワン切り」して授業を妨害した。教室にゴミを投げ込むことも。図工室のノコギリを持ち出して、「あいつを脅してやろうぜ! 動画! 動画! 動画!」と騒ぎ出した児童を、図工の教員が必死になって止めた。

百合さんが児童を注意するため廊下に出そうとすると、男子がコンパスの針の先を自分の目に向けて近づけ、「僕、うつ病で何しているか分からなくてー。土下座すれば良いですかー? すいませーん」。百合さんにはもう、子どもたちがチンピラにしか見えない。

それでも学習支援すべき児童を守るために、百合さんも暴れる児童を抑えなければならなかった。そうでないと、支援すべき児童が被害に遭ってしまう。支援を必要とする児童に支援員が寄り添い続けていると、暴れる児童が妬いて「こいつ、キモイ」と、休み時間にいじめるのだ。

そんな様子の児童ともし向き合っても「訴える」と言われるため、逃げるしかない。児童たちは何かにつけタブレットで動画を撮ったり、音声を録音したりする。担任はベテランでもすぐに心を壊していった。5年生の後半、担任はじんましんが出るようになって、校門の前に立つと唇が紫色になるようになった。3学期も残すところ1か月という時に、担任は学校に出勤できなくなり、副校長が代わりにクラスに入ったが、その副校長もすぐにメンタルを病んだ。3階の教室の窓から牛乳を投げた児童もいたが、校長は保護者に隠したため、保護者は子どもたちのそうした姿を知る由がなかった。

教員からみた中学受験

わずか5年で教壇を降りた飯田真紀さん(仮名、25歳)。1年目は私立中学校で非正規の美術の教員として働いた。私立中学は女子校で偏差値が高いわけではなく、「生徒たちは、「受験は親が勝手に受けろと言ったことだし」「美術の授業なんて受けてもしょうがないし」という独特のひねくれ方をしていました」と言う。

1年後に東京都の教員採用試験に合格して都内の公立小学校で図工の教員として採用されたが、小学校のある地域は、低所得の家庭や外国籍の児童が多く在籍していた。子どもたちの多くは日本語を話せたが、保護者の母語が韓国語、中国語、英語などさまざま。日本語の全く話せない児童には日本語を教える専門の教員がつくが、それでも手に負えない様子。手のかかる子が多く、定期的に自治体から派遣される専門家による訪問指導が行われた。

教員は1~2年生を担任しても、厳しく怒鳴ってばかりいる。児童らは低学年のうちは教員の言うことを聞いても、3~4年生になると教員から怒鳴られることに慣れてしまい「うるせー」と反発するようになった。教員の大声に耐性ができて、大人の声が子どもたちに届かなくなるのが目に見えた。

5~6年生になると、もはや手をつけられない状態になった。特別支援を受けていた児童は勉強についていけず、衝動的に動き回っている。「俺、最初からやらねーよ」と言って、勉強についていけないこと、勉強が分からないことを周囲に知られないように問題を起こしているようだった。真紀さんが「席につこうね」と声をかけると、「うるせー、バカ! 独身ババア、死ね!」と悪態をつく。何を言っても彼の耳には届かず、160センチメートル以上ある大きな身体で大暴れ。廊下にある水道の蛇口を思い切りひねって、廊下を水浸しにした。クラスの誰もその男子には逆らえなかった。

GIGAスクール構想で児童全員にタブレットが配られると、インターネットにつなげて自由にオンラインゲームやYouTubeを見ることができてしまい、パソコン依存症のようになった児童が増えたと、真紀さんは感じた。前述の児童は授業中でもタブレットでインターネットを使って動画を見てしまう。タブレットを教員が預かると怒り出し、触るものみな床になぎ倒して「(タブレットを)出せよーー! くそーーーっ! 殺すぞーーー!」と泣きわめいた。周囲の児童に危険が及ぶため、真紀さんがタックルして抑え、児童をなだめた。教員によっては、周囲の子を守るためにと、授業中でもYouTubeを視聴させたまま、ただ時間が過ぎるのを待っていた。

ある児童は成績もよく図工の時間は天才だと思わずにはいられないような作品ばかりだったが、粘土で立体物を作る時に人を殺している場面を作っていた。親から「受験しなさい」と縛られるストレスからだった。中学受験のストレスで怒りのコントロールがきかなくなって暴言や暴力をふるうだけでなく、窓ガラスを割るようになり、警察官が見回りに来るようになった。その頃、学校内での盗難事件が起こるようにもなった。そうした現状から、公立中学への進学を避けるようにして私立の受験を決める親子が増えていった。

「公立学校の教員の立場で考えれば、私立受験を積極的に勧めるものではありませんが、学級崩壊してガヤガヤしている場から離れるために受験したい、将来のために頑張りたいという気持ちは止められません」

真紀さん自身も心身を病んで、逃げるようにして公立小学校を去ったのだった。

教員も学校がつまらない

都内の公立小学校で6年生を受け持つ小島実さん(仮名、40代)は、「今の中学受験は異常だと思います。とてもいびつなものになっている」と眉をひそめる。

塾で学校より先に上の学年の勉強を終わらせるのは、「飛び級」を行っているのと同じ。大手の塾に通って夜遅くまで勉強して朝、眠そうな子が何人もいる。かつては注意していたが、今はもう注意しないようにしている。個々に受験する理由を聞いたことはないが、普段の子どもたちをみている実さんからみて、「この児童は親が誘導しなければ中学受験を決めることはないだろう」と思う。落とすための試験のための勉強に、どうしてこれだけ労力をかけるのか。理解できない。

まず入試がまるで日替わりの日程になることにも、いびつさを感じる。入試の倍率や試験問題の相性で決まるなら、もはや、希望校などあってないようなもの。受験するといって塾に通い始めると後に引けないのが、教員からみてもよく分かる。

「私立中学の偏差値は二極化しています。なぜ、名前も知らないような偏差値の低い私立学校が生き残っているのか不思議で仕方がないのです。公立小学校は託児所のような存在と思われている気がしてなりません。勉強は塾でするからいいと質の高い授業を期待されず、登校して8時半から15時まで友達と仲良く過ごしてケガなく安全に帰ってくればいい。ただ、それだけの存在なのでしょうか」

実さんは授業を工夫し、児童との関係作りに力を注ぐが、はき違えた教育投資が繰り広げられることによって、教員にとってもまた、学校がつまらないものになっている。

第3章

小学校が消えていく

学校がつまらない。その問題は、どこにあるのか――。

2016年4月に改正学校教育法が施行されると、小・中9年間の義務教育を一貫して行う新たな学校の種類となる「義務教育学校」の設置が公立で可能となった。

人事異動のシーズン、「小中一貫校への赴任は嫌だ」と戦々恐々とし、異動一覧を見て真っ先に一貫校に自分の名前がないかチェックする教員が少なくないという。一貫校化によってこれまでの〝小学校〟が消えることによる現場への影響は、見過ごすことができないものとなっている。

沈没寸前の〝タイタニック校〟

東京23区内の公立小学校で図工の教員として働く坂下舞子さん（仮名、30代）は、以前勤務していた小中一貫校のことを「まるで『駅構内』のようでした」と例える。

「大人も子どもも挨拶もせず、教科ごとに分かれた電車に乗るよう。雑多ななかに自分はいて、流されているだけ。教員といっても、ただの通りすがり。近くに誰かがいても、子どもたちも教員も無関心。小中一貫校にいて、なぜ自分が教員になったのか分からなくなったのです」と、異動希望を出して、逃げるようにして小中一貫校を去った。

２０１６年度施行の改正学校教育法により、小学校と中学校を合わせた一貫校を「義務教育学校」と呼ぶようになった。小学校６学年と中学校３学年をまとめた１～９年生の９年制で、小学生としての活動は１～４年生、中学生としての５～９年生に分けられる。学校の方針にもよるが、多くは５年生からは学級の担任でなく、教科ごとの担任制が導入され、中学生と一緒に部活や生徒会活動が始まることが特徴とされる。小学校と中学校の校舎が別の「連携型校」や校舎が一緒の「一体型校」がある。

教育改革として一貫校化を進める自治体もあれば、少子化を背景に校舎の老朽化を機に建て替えと同時に小中一貫校にして財政の効率化を図る自治体もある。なかには「小学校と中学校をわざわざ一緒にする必要がないのに、一貫校化が強行される。地元選出の国会議員のメンツを立てるためとしか思えない」（自治体議員）というケースもある。

5年生のうちから「教科担任制」を導入する場合、メリットとデメリットは表裏一体だ。通常の小学校では一人の教員が担任してほとんどの教科を教えるため一緒に過ごす時間が長くなるが、相性の悪い教員や問題行動のある教員が担任になった時に児童がつらくなる。教科担任制は複数の目が児童に向き、同じ教員とずっと一緒にいなくてもいいメリットはあるが、関係が希薄になりがちだ。

舞子さんが勤めていた一貫校は全校児童生徒が約1000人という大規模校。同じ校舎で1～9年生が学んでいる。6年生で小学生としての区切りを迎えるのではなく、4年生までが小学生部門で、5年生から中学生としての学校生活となる。1～4年生、5～7年生、8～9年生という集団の単位で学校が運営され、5年生から中学生のように部活や生徒会活動などの先取りを行う。1～4年生の授業時間は45分、5年生以降は中学に倣って授業時間が50分となる。

「同じ校舎で違う授業時間であることの弊害は、決して無視できないものでした」と、舞子さんは振り返る。

小中一貫校化の弊害

時間割の調整で、午前中の2時間目と3時間目の間にある20分の「中休み」がなくなり、児童にとっても教員にとっても、ゆとりがなくなった。同じ小学校の教員といっても、5年生の授業を受け持てば中学スタイルの50分授業になる。45分授業と50分授業のどちらが多いかで、教員の負担は変わった。教員の休み時間は15時45分から16時半までだが、その時間帯に会議がどんどん入れられる。他の時間に小中合同で会議を入れられる時間帯がないことを教員全員が分かっているため、皆が黙って従わざるを得ない。

5～6年生から中学スタイルであることのデメリットは時間割の作成にも影響した。教科担任や講師の配属が4月にならないと分からなかったため、5年生以上の学年の時間割ができるのが5月末だった。4月のうちは舞子さんが朝、出勤すると机に無造作に1枚のプリントが置いてあり、その日に何年生の授業があると分かった。どの教科もその日にならないと授業があるのかないのかが分からないため教員が授業の計画を立てることができず、児童にとっても時間割が不確定なことで落ち着かない日が続いた。

教員は授業のよしあしよりも、柔軟に何時まで働けるかを求められた。子育て中や介護中の教員のカバーを誰かがしなければならない。女性の教員のほとんどが時間の融通がつきやすい未婚者だった。長時間労働が恒常化するなかで、舞子さんが勤める数年の間に3人の女性の教員が流産した。メンタルヘルスを崩して休職する教員、現場を去る教員が相次いだ。ただ、教員が燃え尽きるのは、労働負荷だけが原因ではない。自分が思う教育ができないという、〝制度疲弊〟による影響も大きかった。

小中一貫校で5年生が中学生スタイルに組み込まれることで「テストのための授業を行う」という「つまらなさ」を舞子さんら教員たちは味わっている。5年生から中学と同様に家庭科や音楽、図工で期末テストが実施される。すると、空き箱を使って創作するのが得意だった児童が急に知識を求められるようになる。手先が器用でも、テストでは活字での回答を求められてしまう。それまで図工が得意だった児童がテストで15点をとってしまい、好きだった図工を苦手に思うようになっていった。5年生から専門科目でも順位がつけられることで、得意だった科目で苦手意識が強まっていく。一方の教員も、テスト問題を作り、テストのための授業を行い、テストの採点をして成績をつけることに疑問を抱いた。

「テストは定型的に答えられるかを問うようになります。赤と白を混ぜたら何色か、オレンジは何色と何色からできているか。ノコギリを使う時の注意点は何か。これでは図工で豊かな感性を養うことなんてできません。作品を作ることが目標ではなくなっていくのです。この子たちが普通の小学校に通っていれば、こんな思いをしなくてもいいのに」

舞子さんは毎年「5~6年生のテストをなくしてほしい」と学校側に要望したが、それが叶《かな》うことはなかった。そのうち、児童のほうもテストで求められる〝定型〟に慣れてしまい、個々が頑張った点や反省点を記入する「振り返りシート」でさえも、教員が望むようなことを皆が同じように答えるようになっていった。

4年生までは「図工」、5年生から「美術」と授業の名称が変わり、小学生と中学生の連携のために美術室を４年生以下も使うことができたが、実際に４年生以下の授業で美術室に行ったのはたった２回。５年生で図工から美術へと中途半端に変わってしまい、「一貫校が一番の売りにしている小中の連携なんて、実際には何もない」としか思えなかった。

授業の終わる時間がずれていくため授業中に他学年のチャイムが鳴ることは、子どもたちを変質させているように舞子さんには思えた。

他人に無関心になっていく

図工の時間、４年生が授業中でも、５年生の数十人がガヤガヤと図工室に到着するため、落ち着かない雰囲気で授業がやりにくく、ガヤガヤする環境を嫌って不登校になる子どももいたが、それはまだ小さなことだった。授業中にチャイムが鳴ること、授業中に他の学年が休み時間になって騒いでいることに慣れてくると、子どもたちがまるで「お前は、お前の時間割で」と、他の人に無関心になっていくのがよく分かった。他の学年のチャイムが鳴っていても、それがうるさいとも何とも感じない。「そうした日々の積み重ねが、他人に無関心な子どもを育てているとしか思えませんでした」と舞子さんは身震いした。

アリーナと呼ばれる体育館は広く、バレーボールのできるコートが３面もある。７年生がダイナミックにバレーを行う傍ら、低学年の児童がマット運動をしていることなど、しばしば。教員が大きな声を張り上げないと指導内容が聞こえない。舞子さんは「よくこの環境で他の子を気にせずにできるな」と眺めていた。

他人に無関心になるのは、子どもだけではなかった。学年が多いことで、どの学年がどのような行事をしているかなどの情報量が多く、教員も他学年に無関心にならざるを得なかった。自分の業務をこなすのに精いっぱい。舞子さんが以前に赴任していた小学校では、高学年が都外に宿泊学習に出かけるという時には、違う学年の教員も総出で見送りをしたが、小中一貫校に異動してからというもの、皆他の学年のことには無関心。学校に兄弟姉妹がいれば、「(移動先の)日光は晴れているかな」と会話が弾むはずが、それもない。

落とし物は瓦礫のように積まれ、誰も取りに来ない。姓だけでも書いてあれば、通常の小学校なら誰のものか分かるであろうものが、児童と生徒の人数が合計1000人規模では、誰のものかまったく判別がつかない。そればかりか、事件や事故が起こっても、どの子が起こしたことか把握できている教員が極めて少なかった。ある時、8年生が自転車でひき逃げして、重大な事故を起こした。警察を通じて目撃者からの情報が学校に寄せられたが、教員らは事件を起こした生徒の特徴を聞かされてもどの子だか見当もつかない。教員らは、廊下で生徒とすれ違っても目立つ存在の生徒会長でさえどの子か分からないという、関係の希薄さだ。

児童間のトラブル、忘れ物などがあっても、教科担任であることで常にクラスを見ているわけではない。「学級が把握できない」と教員が苦しみ、「自分のクラスを持ちたい」と多くの同僚が悩んだ。

式典で校長の話を聞くのも1～9年生が全員参加する。「主体的に活動しましょう」と中学生向けの話をすれば、1年生は「主体的」という言葉の意味が分からずぽかんとする。安全教室で低学年向けに「知らない人についていかない」「他人の車に乗らない」などの一部をつなげた「いかのおすし」という標語を話題にすれば、中学生は馬鹿にされた気分になって、だれてしまう。舞子さんは、「子どものためになっているのか」と思いながら勤務することに、ストレスしか感じられなくなっていった。学年主任でも他の学年全体のことを把握できていない。ただひたすら「規律を守らせる」と言っては、シャツをきちんと着ろ、ボタンを閉めろと児童や生徒を管理するような厳しい生活指導が行われ、特に5年生が標的となった。

発達段階に合わない教育体制

「教員側は中学で生徒に反抗されると困るから、身だしなみを良い口実に管理を徹底して5年生のうちに抑圧しているように見えました。厳しい指導で教員が怒鳴っていると、小学生はきょとんとしている。子どもたちはだんだん受け身になり、考えることをやめていきます。従っていれば怒鳴られない。教員も校長や副校長に物を言わず、授業だけする人と化して、考えて学級を作る教員でなくなるのです」

そうした積み重ねで教室が殺伐としていく。5年生以上の子どもが図工の時間に泣いていると、クラスメートは「いじけているから、放っとくよ」「先生、自殺したらどうするんですかー!」「お前、自殺したら雑巾をネットで売ってやる」と冷たい。

学校には不登校の児童や生徒だけでなく、リストカットする7年生が6人もいて、カッターで太ももを切り付けてしまう生徒もいた。他の地域で勤務していた時には、こんなことはなかった。不登校気味の7~9年生のなかに、21時以降はスマホを使ってはいけないと言われている家庭の生徒がいたが、朝起きてからLINEを見ると2000件もメッセージが入っているという。それを朝からチェックして返事をしないといじめられてしまうため、保健室が逃げ場になっていた。保健室には7~9年生のリストカットした子、生理痛で休んでいる子がいるそばで、おもらしをした1~2年生の子が一緒にいる。養護教員が2人配置されてはいるが、同じ空間でそれぞれのケアをするのには限界がある。

1~2年生の教室がある廊下に、便が落ちていることがあった。トイレでトイレットペーパーが詰まって流れなくなる事件も頻繁に起きる。鼻血で壁に落書きする子もいるが、誰がしたのかを教員が見つけられない。

「普通なら子どもたちの表情を見て、あ、この子かもしれないと心当たりがつくものですが、教員が児童・生徒を把握できていないから分からないのです。子どもは一大決心で何かメッセージを発信しているのかもしれない。それを私たちは見つけてあげられない。部活中に盗難があっても人の出入りが多くて、検証すらできない。展示されていた夏休みの作品がなくなっても見つからない。体操服を入れる袋が切られる事件も起こっています。「○○死ね」と書かれた紙飛行機が窓から落とされても、誰がやったか分からない。中学スタイルで指導される5年生になって、教員や学校生活に絶望すると卒業するまで5年間もあり、とてつもなく先が長いのです。これでは、子どもが自殺しかねないと感じました」

いじめや不登校などの問題を受けて、同じ校舎に小学生と中学生が登校することで「中1ギャップ」が起こりにくくなると、鳴り物入りで始まった小中一貫校。その先駆けの都内のある区は2006年度から小中一貫教育を始めているが、今や入学希望校の申請時に定員割れする一貫校が出ている状況だ。同区では2012年に小中一貫校に通う小学生が自死し、同じ学校の中学生も自死。2016年にも同区内の別の一貫校で中学生の女子生徒2人が線路に飛び込み自死する事件が起こった。

舞子さんは、一貫校での生徒の自死は他人事ではないと感じている。その大きな原因となるのは、9年制と子どもたちの発達にズレが生じるからなのではないか。通常、小学校では6年生が最高学年としての成長を期待されて活躍する機会が多くなるが、小中一貫校では小学校部門での最高学年が4年生となり、5年生で中学部門の下級生にリセットされてしまう。

舞子さんの勤め先では運動会は1～4年生と5～9年生で分けて行われた。1～4年生の運動会を見ると、4年生が最高学年になるため、舞子さんから見て迫力を感じることができなかった。4年生はまだ教員がついていないと一人でアナウンスなどの役割をこなすことができない。

5〜9年生で行う運動会でリーダー役になるのは9年生。6年生が仕切る場面が抜け落ちて、9年生になるまでリーダーの役が回ってこない。本来なら小学校で最高学年の6年生に「これが最後の運動会だ」という意気込みがなくなってしまう。5〜9年生が同じ種目で競技するため当然、9年生が見せ場を持っていく。綱引き、中距離走などでは9年生を相手に5〜6年生が「お荷物」扱い。そうした子どもたちの姿を見て舞子さんら教員は「小学生は小学生、中学生は中学生のなかで競技させてあげたい」というストレスを抱えた。

児童生徒の多さは学芸発表会にも影響した。1〜4年生と5〜9年生とで分けて行うため、兄弟姉妹の学年が離れていると発表を見ることができない。1〜4年生よりも5〜9年生の人数が多いため、5〜6年生は自分たちの出番が終わると教室に戻る。7〜9年生の発表を下級生が見ることができない。9年生の卒業式に5〜6年生も参加するが、舞子さんら教員は「ちょっと難しいのではないか」と感じながら指導に当たる。一貫校の6年生は卒業式ではなく、ただの「修了式」。小学生としての生活が中途半端に終わって寂しく感じた。

「一貫校では5〜6年生が運動会で7〜9年生に交じって「お荷物」扱いされてしまう。委員会活動も5〜9年生が行うため5〜6年生が中心にはなりません。自己肯定感を得ることなく過ぎてしまう」

このように小学6年生が自己肯定感を持てなくなる実態は、舞子さんが勤めていた学校だけの問題ではない。『「小中一貫校」で学校が消える』(共著、新日本出版社、二〇一六年)などの著書がある和光大学の山本由美教授は、茨城県つくば市小中一貫教育検証委員会が行った同市内の小中一貫校の成果と問題点を検証する調査に参加しており、2018年に出た報告書の内容が注目される。

友人関係について「友だちは、たくさんいますか」「クラスの中では、人気者だと思いますか」など4項目の質問について、6年生よりも5年生が自信のある回答が多かった。また、教師からのソーシャルサポートについて「あなたに元気がないと、すぐにきづいてはげましてくれる」「あなたが何か失敗しても、そっと助けてくれる」など5項目の質問について、連携型校より一体型校で6年生が他のどの学年よりも極端に低かった。

この結果について山本教授は、こう説明する。

「本来なら小学6年生は最高学年として期待され、自信をつけていく時期となります。それが5～9年生のなかにいることで活躍の場がなくなり、達成感を味わう機会が保障されていないことがデータで示されていることが推測されます。大規模な一貫校ほど精神的健康度の面での影響が出ています。もともと小学生は児童期で安全や安心に配慮するもの。中学生は思春期で自立を求めるため、生徒指導の理念が違います。それなのに小学生と中学生が一緒になると、中学生に合わせられがちで、管理的になってしまうのです。発達段階に応じていない教育環境に子どもがいることになります」

こうした一貫校で働くことは、異動するまでの数年間の「服役中」と教員らの間で揶揄《やゆ》されている。小中一貫校で「服役」することに疑問を持った舞子さんの同僚のうち、わずか数年の間に2人がメンタルヘルスを崩して休職し、2人が教職を辞めた。私立学校や民間の教育関連会社への転職、他県の学校に就職した教員もいる。一貫校に赴任する可能性がある区への「島送り」にならないよう、わざわざ離島の学校に異動希望を出す教員もいた。

舞子さんが「小中一貫校から抜け出さなければ」と焦りを感じて異動を願い出る決定打になったのは、アリーナで児童・生徒たちの姿を見た時だった。5～9年生が集まって大声を出す練習をさせられる。延々と行進をする姿は、まるで軍隊そのもの。テレビで見る北朝鮮の軍隊が一糸乱れず手足を揃えて行進するのと同じだった。それを見ながら、「ああ、行進が揃っていて気持ちがいい」と思う自分に、はっと我に返ったのだった。

「小中一貫校で働くうち、ひと学年130人が揃ってお辞儀をすると気持ちよく思えてしまい、アドレナリンの出る場面が変わっていくのです。この中で自分は児童・生徒を従わせて、「出来る教員」になれていると思うようになり、それがステイタスになっていく。でも、児童の心が育っていなければ、一斉に揃って行動できても意味はない。もし中学生になって反抗しても、それは自分で考えるからこそ。この学校に通う子どもが可哀想で、教員として最大の申し訳なさを感じたのです。普通の学校で働きたい。教育仲間の間では小中一貫校のことを、沈没寸前の〝タイタニック校〟とか〝監獄実験校〟と呼んでいます」

異動できるかもしれない年度末まで、舞子さんは心の中で常にカウントダウンしていた。児童は可愛かったが、もう、一貫校を飛び出すことしか考えられなくなっていた。

全国で毎年180校が消えている

公立の義務教育学校は、制度ができた２０１６年度の22校から２０２４年度は２３２校へと増加している（文部科学省「学校基本調査」）。このような〝小学校〟の消失は、なぜ起こっているのか。前述の和光大学の山本教授は「財源削減が大きな目的にある」と指摘する。複数の学校を一つの小中一貫校に統廃合することで、校長や副校長を一人にできるため、人件費を削減でき、学校維持費も減額できる効果がある。

また、経済政策の一環としても一貫校が増える要因がある。地方創生施策の中心に「まち・ひと・しごと創生総合戦略」が位置づけられ、市場化や民営化を活用しながら公共施設の集約が図られることになり、そのなかに公立学校も含まれていたのだ。９年間の義務教育を一貫して行う新たな「義務教育学校」の設置を可能とする改正学校教育法が成立した２０１５年、文部科学省は「公立小学校・中学校の適正規模・適正配置等に関する手引き――少子化に対応した活力ある学校づくりに向けて」を策定した。

２０１４年12月27日に閣議決定された「まち・ひと・しごと創生「長期ビジョン」と「総合戦略」の全体像等」のなかで、アクションプラン（個別施策工程表）を作成。公立小学校・中学校を統廃合する地方公共団体には、学校統合に伴う新増築や改修への補助や教員の加配などの支援を行った。また、アクションプランでは短期・中長期の工程表のなかで「緊急的取り組み」として前述の「手引き」を策定・周知したうえで、2020年の成果目標として「統合による魅力ある学校づくりや小規模校における教育環境の充実等について、課題を認識している全ての市町村が着手」するとしたのだ。

学校の適正規模を小中学校ともに「12学級以上18学級以下」を標準とすることは1947年の学校教育法施行規則ですでに定められている。その後、文部科学省は人数が少ないことでクラス替えができないことがないように、子どもたちが集団のなかで切磋琢磨できるように、などを理由にして、自治体に通常の学級が1学年につき1学級の「単学級」にも満たない学校の統廃合の適否を検討するように求めた。学校の適正配置は、従来、小学校の通学距離がおおむね4キロメートル以内、中学校はおおむね6キロメートル以内だったのに加え、スクールバス等をつかって「おおむね1時間以内」を追加した。こうした基準は教育的な意味よりも行政効率性を重視したものという見方がある。

地方創生と学校の適正配置との関係について、山本教授はこう指摘する。

「点在する人口を集中させ、企業が活動しやすい経済(商圏)を作ることに目的があります。児童数の少ない小学校区がターゲットにされ、地域を再編するために小学校が再編されるのです。小中一貫校になると学区エリアが広がるため、学校と家との距離があると地域のサポートを受けにくくなります。小学校は、家から徒歩で通える生活圏内にあるべきです」

少子化により小学生の数は減っている。小学校の在学者数は2024年度で約594万2000万人いるが前年度より約10万8000人減で過去最少となっている。公立小学校の数を見ると、2006年度の2万2607校から2016年度は2万11校へ、2024年度は1万8508校へと減少の一途をたどっている(文部科学省の「学校基本調査」)。

同省の「学校規模の適正化及び少子化に対応した学校教育の充実策に関する実態調査」(２０２１年度)によれば、２０１９〜21年度にかけて統合した小中学校が全国で４３７件あった。統合の形態は、小学校同士の統合が２７３件、中学校同士の統合が94件、小学校と中学校を統合して義務教育学校を設置したのが51件、施設一体型の小中一貫校の整備を含む小学校同士または中学校同士の統合が16件だった。統合後に通学時間が最も長い児童を見ると、小学校では30分以上40分未満が31％、20分以上30分未満が29％となった。統合前後の教職員の人数は、小学校で２校を統合した場合の平均は36・６人から29・３人に減っている。中学校では36・４人から26・３人に減った。

ここ数年を見ても、毎年、全国で公立小学校が１８０校前後、公立中学校が60〜70校も減っている。特に地方の少子化による廃校は深刻だが、都市部も他人事ではない。

東京都が１９５６年度から毎年まとめている「教育人口等推計」(２０２３年度)では、２０２４年度〜２０３６年度までの13年間の教育人口の推計を行っている。都の推計では、都内の公立小学校児童数は２０２３年度の実数である59万９７３８人に比べ、２０２８年度は６万１１４４人減の53万８５９４人になる見込み。東京都町田市では２０４０年までに市内の公立小学校42校を26校に減らす計画だ(ただ、工事費の価格高騰や市財政を踏まえて計画を見直している。２０２５年３月に公表予定)。23区でも江戸川区や中野区が小学校を統合、26市でも八王子市や東大和市、小平市などが小学校を再編する予定だ。

横浜市でも2024年4月に瀬谷区で1校が閉校となった。同地区にある保育園長は「何か困った時、卒園児にも保護者にも保育園を頼ってほしいと思いますが、小学校が統合されて遠くなり、気軽に保育園に立ち寄ることができなくなりそうです」と心配している。

国家予算の1.4%しかない義務教育費

こうした〝小学校の消失〟は、少子化と財政効率化と切り離せないが、そもそも教育にはどのくらいの予算がかけられているのか。

文部科学省の2024年度の予算は全体で5兆3384億円となり、前年度と比べ0.8%増えている。そのうち義務教育費国庫負担金は1兆5627億円で全体の29・3%を占める。次いで予算が割かれているのは国立大学法人運営費交付金の1兆784億円(全体の20・2%)、科学技術予算の9780億円(同18・3%)。2024年度で目玉となるのは、小学校高学年の教科担任制の強化や35人学級の計画的な整備のための1兆5627億円の予算がついていることだ(図3−1)。

教員の負担軽減と教育の質の向上のため、本来はクラスに副担任が常時いるなど「複数担任学級」があれば理想だが、「教員不足のなかでは夢のまた夢」(教育行政関係者)。文部科学省では複数担任学級の実施状況について把握しておらず、東京都の教育庁に尋ねても「複数担任学級を実施している学校はない」としている。

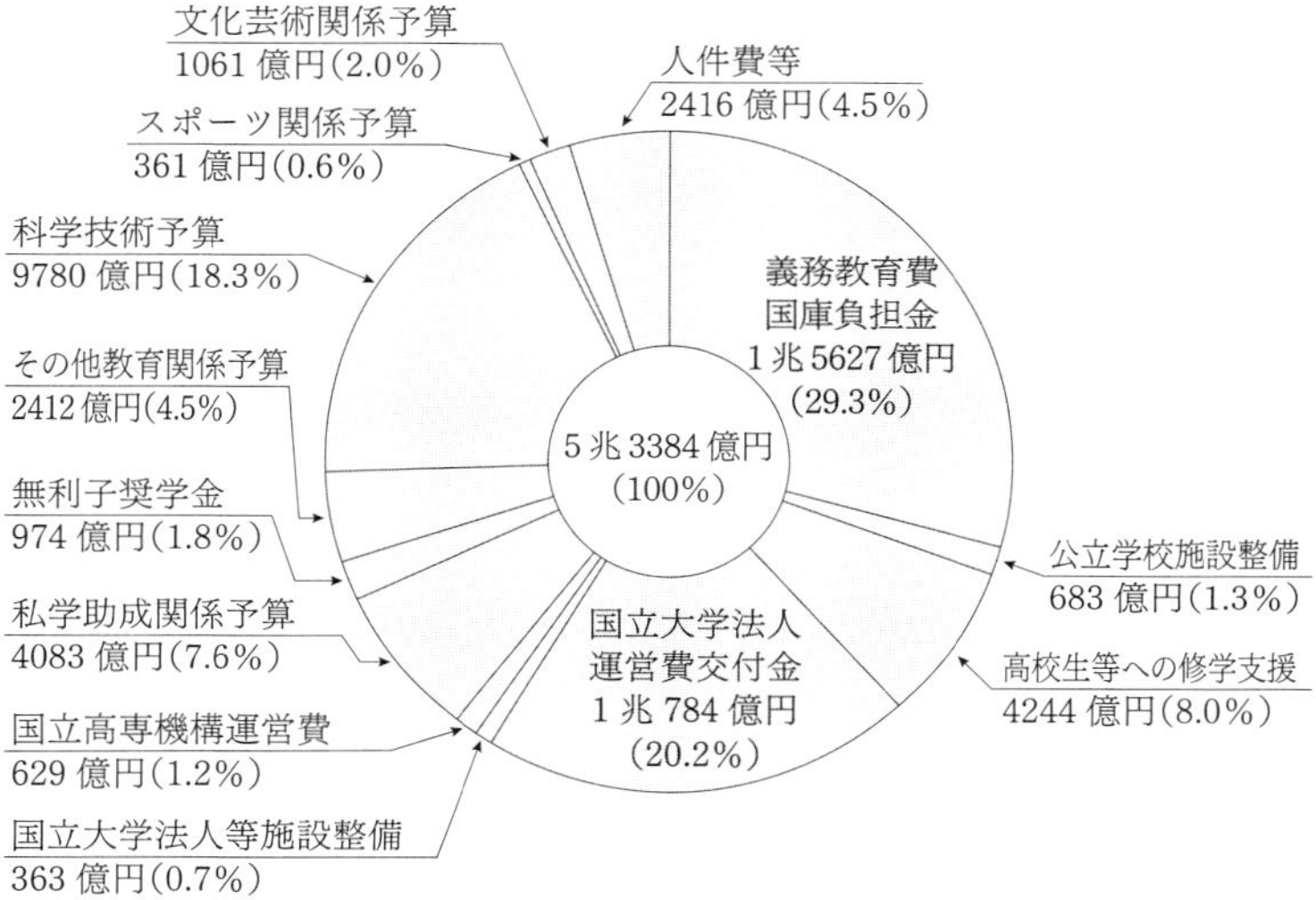

(注)私学助成関係予算，スポーツ関係予算には重複計上がある．
(出所)文部科学省「令和 6 年度予算のポイント」(2024 年 3 月)より作成

図 3-1　2024 年度 文部科学省所管一般会計予算の構成

教員不足のなか複数担任学級の実現が難しいことから、図工や音楽などの専門科目の教科担任を導入して、担任の空き時間を増やして負担軽減が図られている。文科省の「公立小・中学校等における教育課程の編成・実施状況調査」から２０２１年度の実績を見ると、「教科等の担任制」(２０２２年度計画)は小学校の高学年で導入する率が高まる。６年生で見ると、理科が最も高い65・４％、次いで音楽の59・６％、外国語の48・９％、家庭の41・９％なども高くなっている。これまで専科指導担当教員は２０２２年度に９５０人、23年度に９５０人を増やした。24年度は前倒しで１９００人増を見込んでいる。

また、これまで小学校は１クラス40人

が上限とされてきたが、2021年3月に義務教育標準法が改正されたことで、上限が35人に引き下げられることになった。40年ぶりに学級編成が変わることになり、年次の低い学年から段階的に引き下げが実施されて2025年度に全学年で1クラス35人になる。そのため、教員を3171人増やす。さらに文科省は教員の負担軽減策として、「教員業務支援員」の全小・中学校への配置、「学習指導員等の配置」、「副校長・教頭マネジメント支援員」に2024年度で合計121億円かける。ただ、教科担任制は低学年での実施率が低いことから、ひと学級当たりの児童数を35人よりも少なくするべきという現場の声は根強く、小手先の対策を並べても抜本的な問題解決とはならない。

教員の長時間労働も深刻だ。日本教職員組合の「2022年 学校の働き方改革に関する意識調査」では、月当たりの時間外労働時間が95時間32分となり、過労死ラインの80時間を超えていることが分かった。休憩時間が0分というケースが40・6％に上り、平均12・0分しか休憩できず労働基準法違反の状態になっている。それにもかかわらず、教員の残業代は「教員給与特措法」によって基本給の4％を上乗せして支給する代わりにいくら働いても残業代がつかず、教員給与特措法を改正するなど教員の待遇改善は急務の課題だ（第4章参照）。

そして今や、教員のなかで非正規も多い。文部科学省の「「教師不足」に関する実態調査」によると、小学校の教員のうち2021年5月1日の時点で正職員は33万1697人に対して臨時的任用職員は4万1991人と11・06％を占め、10人に1人は非正規の教員となる。

首都圏の小学校で働く男性（30代）は、非正規だった4年間の間、2年担任を持った。1年更新で、

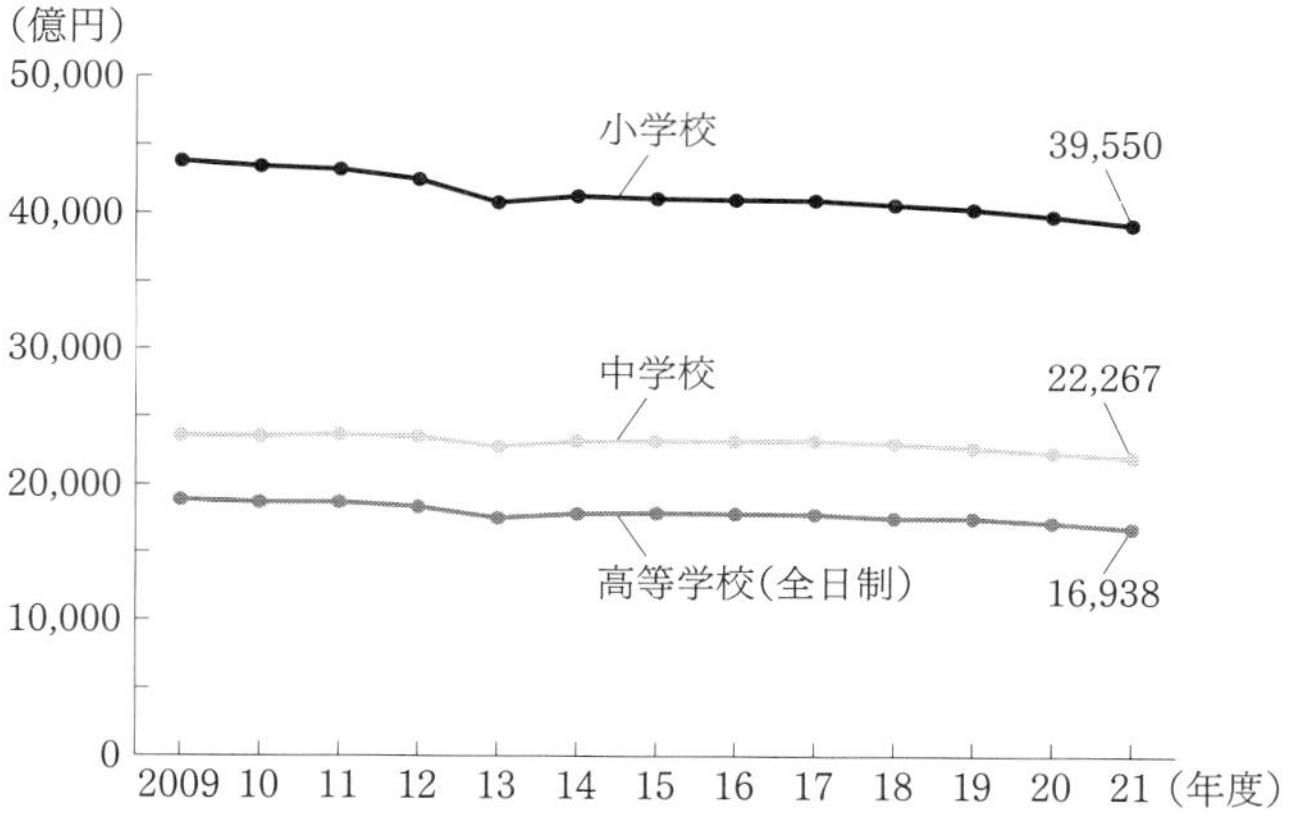

(出所)文部科学省「令和4年度地方教育費調査の確定値の公表」(2023年12月)より作成

図3-2　公立小・中・高等学校(全日制)の人件費の推移

その都度、異動になることがストレスだった。やっと慣れた頃に違う学校へ異動になるため、自分の立ち位置が分かるまで時間がかかる。保護者にとっても生徒にとっても、担任は担任。臨時採用かどうかは関係ない。「生徒のことを考えても、あと1～2年でも同じ学校にいられたら、と思いました。非正規である以上、次の年も仕事があるとは限らないのは不安でした」と語る。

文部科学省「地方教育費調査確定値の公表」から、地方公共団体が公立の学校教育に支出した経費である「学校教育費」(大学・短期大学を除く)のうち小学校の人件費を見ると、2009年は4兆3997億円だったものが2021年は3兆9550億円まで減っている(図3-2)。学校教育費に占める人件費の割合も同様に70・0%から65・8%まで低下している。子どもたちを教えるのは教員である以上、教員の待遇改善なしに教育の質の向上を図ることはできない。

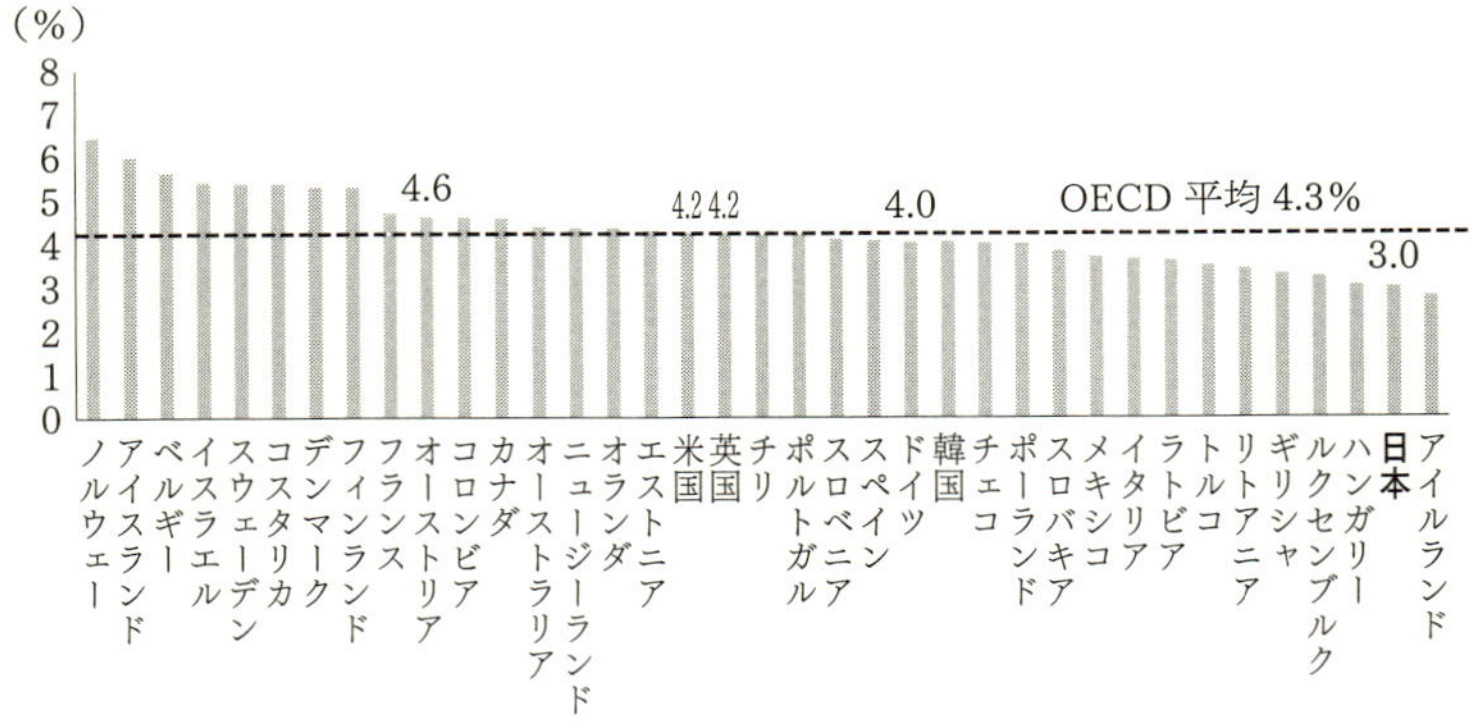

(資料)OECD「Education at a Glance 2023」
(注)初等教育段階～高等教育段階
(出所)財務省「文教・科学技術(参考資料)」(2023 年 10 月 11 日)より

図 3-3　公財政教育支出対 GDP 比(2020 年)

こうした日本の教育予算の低さは高等教育にまで及ぶ。財務省がＯＥＣＤ(経済協力開発機構)の資料(「Education at a Glance 2023」)から作成した国や地方公共団体などによる「公財政支出」について見ると、幼稚園・小学校の初等教育から大学などの高等教育まで、ＧＤＰ(国内総生産)に対して教育予算をどのくらいかけているかが分かる。

財務省がまとめたＯＥＣＤ諸国の「公財政教育支出対ＧＤＰ比」(初等・中等・高等教育段階)の２０２０年のデータによればＯＥＣＤ平均は4.3％で、日本は3.0％でアイルランドに次いで２番目に低かった(図3-3)。

日本の国家予算は２０２４年度で１１２兆５７１７億円、２年連続で１１０兆円を超えている。一般会計の歳出の33・5％を「社会保障」が占め、次いで「国債費」の24％、「地方交付税交付金」が15・8％となる。社会保障のなかでも医療や介護は高齢社会のなかでは予算が膨らむ一方で、保育など子育て支援の費用も足

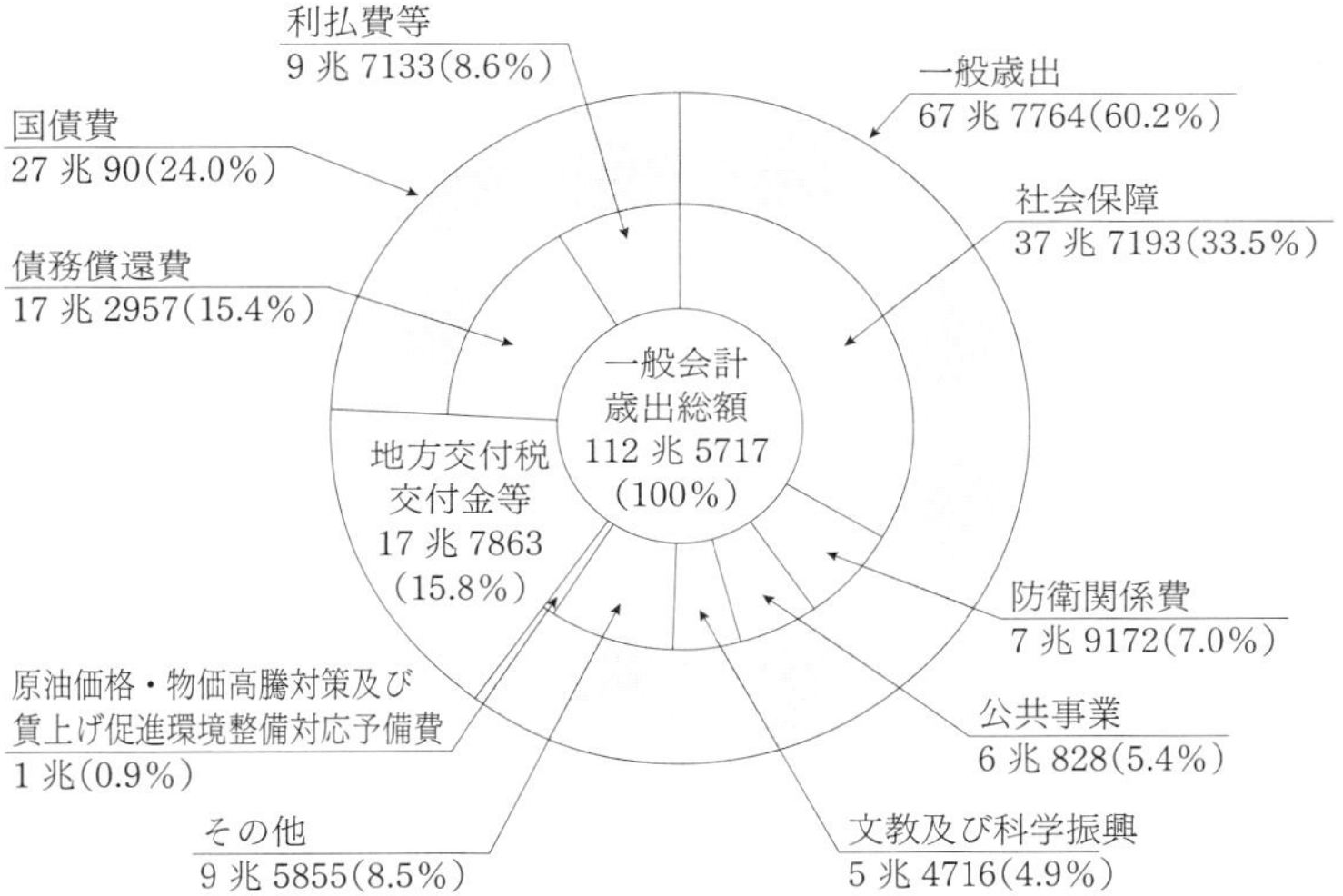

(注1)計数については，それぞれ四捨五入によっているので，端数において合計とは合致しないものがある．
(注2)「一般歳出」とは，歳出総額から国債費及び地方交付税交付金等を除いた経費のこと．
(出所)財務省「令和6年度予算のポイント」(2024年)より

図3-4　2024年度一般会計予算 歳出の構成

りているとは言えない状態。医療、介護、保育従事者の賃上げも不十分で、社会保障費を削ることは難しい。一般会計の歳入の3割超を公債で賄っている以上、国債の償還や利払いのための国債費が減ることも当面はない。地方自治体に配分される地方交付税交付金も、地方の実情からすれば足りないくらいだろう。これらの削ることができない予算で73・3%を占めている(図3-4)。

予算の内訳で多い順に「その他」(食料安定供給関係費、エネルギー対策費、経済協力費など)が8.5%、「防衛関係費」が7.0%、「公共事業」が5.4%、教育費に当たる「文教及び科学振興」が4.9%となっている。義務教育費国庫負担金

1兆5627億円だけで見れば、義務教育にかける国費は国家予算全体の約1.4%でしかない。削れない予算が7割あるなかで、教育予算に国費が回せず家庭の負担が重くなっているのが現状だ。限られた財源を教育に回すのか、防衛に回すのか。これこそ政治の問題だ。

また、第2章で記したような中学受験の過熱ぶりは、格差の象徴が〝教育投資〟できるかできないかになって現れている。新自由主義の台頭で〝教育投資〟は自己責任とされ、〝教育投資〟して私立中学に入学することが「勝ち組」で、公立中学に進むことが「負け組」という意識が蔓延すると、ますます公教育への関心が薄れてしまう。

小学校での経験がいつ活きてくるのか。10年後、20年後の子どもたちの成長を見なければ分からないこともある。教育への関心がテストの成績や進学実績となってしまえば、点数で見ることのできない教育の質が優先されにくくなってしまう。短期的な結果を求める傾向が強まった社会のなかで、補助金のばら撒き施策に走る「分かりやすい政治」が行われがちな今、長期的な視野で見た教育予算の拡充は政治課題になりにくい。高度経済成長期であれば親の収入を頼りにできただろうが、長らく賃金が伸び悩む今、家計に負担を求めると教育格差はさらに大きく広がってしまう。

政治家のための教育改革

OECDによれば、大学など高等教育の私費負担の割合は日本が約7割と高く、OECD平均の倍になっている。教育費負担が重いことで、教育格差は広がるばかり。公教育の質の低下は中学受験を激化させる一因にもなり、教育格差が低年齢化していく。

政府の重要な政策の基本方針となる、いわゆる「骨太の方針２０２３」(経済財政運営と改革の基本方針)が２０２３年６月に閣議決定された。岸田文雄政権が「異次元の少子化対策」を掲げて注目が集まったが、児童手当の拡充は明記されたものの、高い教育費については多子世帯などへの大学などの授業料の減免や給付型奨学金の拡充に留まり、骨抜き状態。公教育の質に関わる言及はなかった。

政府は２０２２年12月、２０２７年度までの５年間の防衛費を17兆円増やして43兆円にする計画をいとも簡単に決めたが、教育投資は足踏み状態だというのがこの国の現実だ。

２００６年度に義務教育費国庫負担制度が変わって国庫負担２分の１から３分の１へ変わったことで地方財政が逼迫し、公教育が崩壊する原因となったのではないか。国の一般歳出に占める文部科学省予算の割合は２００２年度の8.2％から２０１７年度は5.5％に減少。２０２４年度は4.9％という低さだ。地方の財政負担が厳しいなかで、小学校が消えていくのだ。

国家予算のうち、２０２４年度の文教費(教員の給与や教科書代など)と科学振興費(宇宙、海洋開発)の合計は５兆４７１６億円で、防衛関係費の７兆９１７２億円を大きく下回る。少子化だからこそ複数担任制度を導入する、学級編成をより少人数にしてきめ細やかな教育体制を整えることが講じられやすくなるはずだが、自民党政権下、それが叶わない。

国家財政でさえ教育財源が限られるなかで地方財政はより厳しく、自治体ごとに教育予算は異なる。

東京都の「地方教育費調査報告書」（2022年度会計）で、区市町村別の学校教育費（公費）の小学校の児童一人当たりの教育費の総額を見ると、23区では千代田区が最も高い148万5598円で、最も低いのが板橋区の40万3387円と差がある。

神奈川県内の小学校の教員（50代）は、「理科で使いたかった特殊な地球儀が4000円でしたが、その金額でも学校の予算では買えませんでした」と、助成金が出る研究に応募して得た資金で購入した。前述の舞子さんも、「同じ図工の授業でも、自治体によって使える予算が違っていました。ある市では、「工作で使った材料のゴミを学校で処分すると費用がかかるから児童・生徒に持ち帰らせるように」と指導され、図工の授業に使える予算は年間4万円でした。それに比べ、〝島送り〟された自治体では年間90万円を使うことができた」と話すが、小中一貫化に多額の税金が投入されて教育改革が行われていたことに、舞子さんは釈然としない。第2章では中学受験というはき違えた教育投資について記したが、政治や行政もまた、はき違えた教育投資を行いがちだ。

「財政が豊かな自治体だと「教育改革」をしたがる傾向があると思います。現場から見て誤った改革が行われるくらいなら、お金のない自治体のほうがいい」という舞子さんと同様の叫びが、大阪からも聞こえる。

大阪市内の公立小学校で高学年を担任する山田俊介さん（仮名、50代）は、「「維新」による教育への政治介入で「学校が面白くなくなった」「つまらない」と次々に教員が現場を離れていきました」と話す。

大阪では地域政党「大阪維新の会」による教育への政治介入が起こり、現場が悲鳴を上げている。２００８年に橋下徹氏は大阪府知事に就いていた。２０１１年に橋下氏が大阪市長になって以降、吉村洋文氏(現大阪府知事)、松井一郎氏、横山英幸氏と大阪維新の会の市長が続いている。２００７年度に始めた全国学力・学習状況調査(学力テスト)で大阪が全国最低レベルだったことから、橋本府知事下で維新は府議会に教育行政基本条例案を提出。法律では教育目標は教育委員会の専権事項とされているものを府知事主導で設定するよう変更を求めたのだった。大阪市では吉村市長(当時)が２０２０年度から学力テスト結果を校長の人事評価などに反映しようとしたが、問題視された結果、見送られた。

学力テストは文部科学省が全国的な児童生徒の学力や学習状況を把握・分析して教育施策の成果と課題を検証して改善を図るために２００７年度から始めたものだが、自治体間の競争を煽ってしまった。大阪市だけでなく、静岡県でも川勝平太知事(当時)が２０１３年度の学力テストで小学6年生の国語の平均正答率が最下位になったことで、平均正答率の下位１００校か平均点以下の学校長名を公表すると言及するなど、波紋を広げた。

前述の大阪市の予算は２０２４年度で3兆６３００億円。政令指定20都市のなかで1位の横浜市の3兆８３４５億円に次ぐ規模となり、3位の名古屋市の1兆４８５３億円から大きく差をつけている。〝教育投資〟するための財源がある大阪市は、独自に市内の全小学校3～6年生を対象に「大阪市小学校学力経年調査」を行っている。そのほか、「全国学力・学習状況調査」の活用や分析、「中学生チャレンジテスト」などに2024年度で約2億8300万円の予算を投じている。

また、大阪府は府内公立小学校5・6年生を対象にした学力テストやアンケート調査を行い、教員の指導方法や児童の学習の改善にいかすことを目的にして、政策的経費として「小学生新学力テスト事業費」を2020年度から計上しており、2024年度の「学力調査実施委託費」の予算額は3億2967万円に上る。大阪府は府内すべての小学校で平均正答率を70％以上にするとしている。

そのため、大阪市独自の学力テストの結果は当然、前年度と比較される。俊介さんたち現場の教員には前年度より何%成績が向上したかを求められるようになった。4月に「50点以下を何%減らす」など自分の目標を立てさせられ、2〜3月に校長から達成具合を評価されるようになったという。テストの点数を上げることが難しい学年もあるため「数字」はプレッシャーになった。

学力テストがある1か月前からは授業がテスト対策になる。算数の時間はまるで塾。テスト対策に20分を充て、残りの25分で本来すべき45分の授業を詰め込む。理解が早い児童ならいいが、1時間かけて図を見せながら丁寧に教えてはじめて理解できる児童もいる。俊介さんは「勉強が不得意な子が置いてきぼりをくらい、成績が悪くなるという悪循環になっている」と感じている。実際、2023年度の全国学力・学習状況調査を都道府県別に見ると、大阪府は35位で下位の群に留まっている。

「維新政治になってから数字で子ども、教員、学校が評価されるようになって、〝しんどい子ども〟が多い学年をもつと目標を達成できなくなる可能性があるので、あの学年は持ちたくないよなぁ、となってしまいます。あの学年を持ちたくない、あの子を持ちたくない。そういう感情を抱くこと自体が教員にとって嫌なこと。教員のやりがいは数字では測れないもの。肌感覚で「あの子がだんだん明るくなってきた」「だんだん話してくれるようになってきた」「頑張っているな」という数値に表れないものがあるのです」

さらに、新型コロナウイルスの感染拡大期、授業の遅れを取り戻すために体育や図工の時間を削って算数や国語が優先された。すると当然、国語や算数が苦手でも体育や図工が好きな子にとって、学校がつまらないものになった。

そうしたことも影響してか、大阪市では不登校が増えている。小学生の不登校数を見ると、大阪市では２０１５年度の６０８人(在籍比率０・54％)から２０２２年度は１８６６人(同１・65％)へと大幅に増加している。中学生も同様に、不登校者数は２０１５年度の２４９７人(同４・55％)から２０２２年度は４４３０人(同８・62％)と、全国平均を上回っている。コロナでテスト漬けに拍車がかかり、学校が面白いと感じられない。興味のある授業が削られることは子どもにとって大きかったのだろう。

政治家から競わされる学力テスト

教育現場で本来すべきは、良い点数をとらせることではなく、子どもたちが興味を持てるように授業を工夫することではないか。自ら学びたい意欲を持てるよう興味の範囲を広げること。友達から学ぶことも多く、友達同士で勉強を教え合うことは貴重な経験になる。教えている側の子も教えられている側の子も互いに学んでいる。俊介さんは、そうした学び合いを授業のなかに取り入れながら授業をしてきたが、管理職からは効率が悪いと言われてしまう。その原因の一つにあるのは、校長の公募で民間企業から持ち込まれる成果主義だという。なかには民間出身の校長が起爆剤となって学校が柔軟な運営になることもあるが、俊介さんたちにとっては様相が異なるようだ。

「教員が協力して学校を作り上げてきましたが、校長のトップダウンで民間の手法が持ち込まれ、成果を出すようにと「やらされる」ことが増えました」

教育基本法の第16条では、教育は不当な支配に服することなく行われるべきだとしている。しかし大阪市の現状からは、政治が学力向上を目標とし、学力テストの成績によって校長が評価されそうになり、現場の教員の評価にもつながる危険まである。それが結果として、本来は政治介入すべきでない教育内容に関わる時間割作りまで影響を与えていることになる。

俊介さんは、「そうした状況に、もうやっていられない、と早期退職する教員も相次いでいます。トップダウンで教科書通りの授業を進めて点数を上げろと命じられる。創意工夫する授業が否定され、教員が「面白くない」「早く辞めたい」と思うようになり、メンタルを崩していくのです」と憤る。

小学校で学ぶべき「教育課程」が学習指導要領にあり、国語や算数などと並んで「総合的な学習(探求)の時間」がある。文部科学省によれば、この総合的な学習(探求)の時間は、変化の激しい社会に対応して、探求的な見方・考え方を働かせ、横断的・総合的な学習を行うことを通して、よりよく課題を解決し、自己の生き方を考えていくための資質・能力を育成することを目標としている。そうした趣旨から、授業の進め方は教員に裁量がある。

俊介さんは、これまで沖縄戦の被害や原爆投下による被爆者について調べることで平和や人権について学ぶことができるような授業作りをしてきた。だが大阪市で独自の学力テストが始まると、学力テストが平均を下回るクラスには総合的学習の時間を潰してテスト対策をするのが暗黙の了解とされた。

教員の間にはギスギスした空気が流れるようになり、そのうち学力テストだけでなく、「いじめがある＝担任の力が弱い」と見られるようになっていった。児童間のいじめが分かっても、いじめが発覚すれば「出来ない教員」とされるため、情報を共有できなくなった。他の学年と休み時間に接すると、あの子はしんどいいじめに遭っているなということが分かる。普通ならサポートが必要な児童を廊下で見かけたら声がけをして接するなど教員間で連携をとるが、助け合うことなく担任だけが問題を抱え込んでしまう。若い教員は、メンタルヘルスを崩して「もう（通勤するための）電車に乗れません」と休職した。周囲が気づかないうちにプレッシャーに押しつぶされていることがあり、俊介さんは「もっと早く相談してくれればよかったのに」と悔やんだ。

そうして「大阪市で教員になっても面白くないし、しんどいばかり」と、大学生が就職先として大阪市を避けるようになる。大阪市の小学校教員採用試験の志願状況を見ると、２０１８年度の志願者数は１２７４人で受験者数は８７２人、最終合格者が３４１人で倍率は3倍だった。２０２４年度の志願者数は１１０４人で受験者数は７８４人、最終合格者は４１１人で倍率は2.3倍と志願者が年々減っている。

学校や教員まで学力テストの点数を競わされることへの現場の疑問は大きい。ある地方のベテランの教員の北見順子さん(仮名)は、こう話す。

「「学テ」の平均点で県内は大騒ぎです。教育委員会や校長から点数を上げろという圧力がかかって、忙しくなるのです。テスト対策のために、授業を潰してドリルの時間にするので、子どもたちまで憂鬱になってしまう。

学力テストの採点は業者に委託していますが、結果が出るのを待てずに早期採点するよう命じられます。児童の答案用紙をすべてコピーして、教職員が採点して分析するのです。点数を上げるための分析をして、結果を年度内に出すよう求められます。全国平均を1点でも2点でも上回るかで一喜一憂するのです」

毎回テストの点数の悪い女子が「先生、私はテストの日に休んだほうがいいのかな。休めば平均点が下がらないでしょう」と教員に悩みを打ち明けた。その時、順子さんは「こんな悲しい思いをさせるために学力テストがあるのではない」と胸を痛めた。

学力テスト対策に追われ、学期末に教科書の単元が終わらず駆け足で授業をすることになる。その県では10年ほど前に県の教育振興基本計画に数値目標が設定されたことも、教員を疲弊させているという。基本計画では、児童からの「授業がよくわかる」が何%になるかを目標設定され、その対策に追われる。いったい、何のための学力テストなのか。こうした制度が教員を疲弊させ、教員を失うことにもつながる。

そうした問題は現場の教員だけに留まらない。関西地方で小学校の教頭を務める池谷美幸さん(仮名、50代)は、「管理職になると、もっと上から管理されていると感じます」と話す。「上」とは、教育委員会を指す。県内を見ると管理職のなり手がいないため、30代後半から40代前半で管理職になるケースが続出している。何か問題が起これば管理職の責任が問われるため、守りに入ることになり、子どもを真ん中にして、とはいかなくなる。管理職としての資質のない人材でも、管理職に抜擢するしかない。

「学校は管理的だと強く感じます。問題を起こさないことが最も重要視されるため、閉鎖的にもなります。ほとんどすべてのことが横並びで教員が個性を出しにくい。子どもは管理がきくから、教員は管理することばかりに目が向いていく。児童の学年が上がるにつれ「学校がつまらない」と言って不登校が増えていくのです」(図3-5)

保護者からの苦情に対応するマニュアルがあるという。ちゃんと話せば理解してくれる保護者がいても、教育委員会からは「こう言っておけば文句は言われないから」とマニュアル通りに答えるよう指導される。ベテランの教員が家庭訪問をして保護者としっかり話をしたいというと、校長から一方的に禁じられた。校長が気にしているのは教育委員会。働き方改革と逆行するから残業をさせないようにと教育委員会から言われていることが影響した。

授業の内容は学年皆で打ち合わせをするが、横並びが求められ、教材は学年で統一される。面白そうだと思う教材があっても、そのクラスだけが扱うことは許されない。教材を使いこなせない教員が

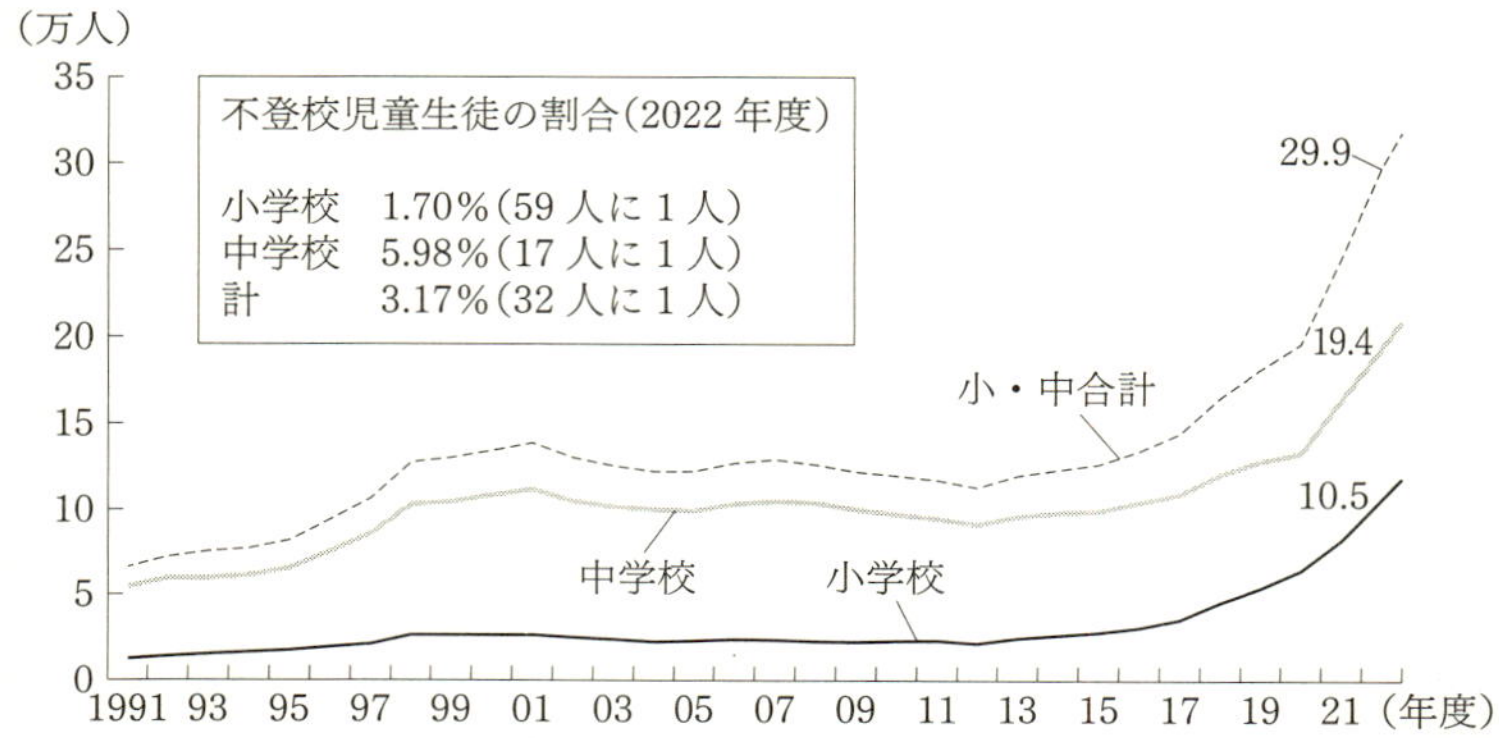

(注)調査対象：国公私立小・中学校(小学校には義務教育学校前期課程，中学校には義務教育学校後期課程及び中等教育学校前期課程，高等学校には中等教育学校後期課程を含む).
(出所)文部科学省初等中等教育局児童生徒課「令和 4 年度 児童生徒の問題行動・不登校等生徒指導上の諸課題に関する調査結果について」(2023 年 10 月)より作成

図 3-5　不登校児童生徒数の推移

いる場合も却下となる。教員も児童も個人差があるが、それは受け入れられず、校長は「勝手なことをされると困る」と真っ先に教員を型にはめていく。知識を詰め込むばかりの学習では小学生には興味を持てないものとなってしまう。算数が生活のどこにつながるのか、友人と違う解き方をしても同じ答えにたどり着くのはなぜか。そうした発見が面白く感じて生き方につながる学びとなるが、それができない。

「ある大学の先生が「今の大学生は自由な発想がない」と嘆いていましたが、それは私たち小学校の側に責任があると思いました」

学びのスタートである小学校で子どもたちは、自分が周りと違わないかと気にするようになり、同調圧力に負けていく。叱られるのは嫌だから、皆と違うことに挑戦しなくなる。突拍子もないことをした児童に教員は「それ、いいね」ではなく「それ、やめて」と口にする。美幸さんが担任を持っていた時に、「教室にいても面白くない」と言った児童がいた。「他の子の邪魔になるのはいけないけど、他のことで何をしたいか表現してみて」と言って、その子のためのスペースを作った。自分がしたい勉強をしてみたらどうかと提案すると、興味のあることを調べ始めて「自分で新しいことを知るのが面白い」と言って勉強が好きになったという。

神奈川県内の教員(50代、女性)は、「学校がつまらないのには理由がある」と断言する。

「教員の世界は「右へ倣え」でないと偉くなれません。教員が指導書通りに教え、それが聞けない子は悪いとなる。だから、子どもたちにとって授業がつまらないのです。人間相手にマニュアル通りにはいかないのに、児童一人ひとりにとっていい方法をとろうとすると、「特別扱いをしている」といって許されない。公教育には、その子の10年後、20年後を考えて困らないようにする役割があるはずなのに、皆と同じようにすることに主眼が置かれてしまうから、教員も子どもも、学校がつまらなくなるのです」

国際的に見ても教育財源が乏しいのにもかかわらず、財政効率や経済効率が優先される形で小学校が消えていく。効率ばかりを求められる学校運営によって、教員からは教育の自由が奪われる。子どもには歩いて登校でき、地域のサポートを受けながら生活することが必要なのに、生活から学校が離れてしまう。これらはすべて大人の都合によるものだ。自分ではどうしようもない力が働いているから、学校がつまらなく感じ、子どもが荒れてしまう。子どもたちにとって本当に必要な小学校を取り戻さなければならない。

第4章

あるべき小学校を取り戻すために

子どもたちにとって本当に必要な小学校を取り戻すには、まず教員から「教育する自由」を奪う「労働環境」を改善しなければならない。教育の質を問う時に、教員の働き方の問題は避けて通れない。教員の長時間労働が注目されて働き方改革は進みつつあるが、教員を追い込む現状について改めて見ていきたい。そして、画一化・規格化された教育から脱する現場の取り組みなどから、教育の本質を問う。

改めて問う教員の労働環境

「教員には、もう戻らないです」――。

第2章で紹介した、都内の小学校で働いていた図工の教員の飯田真紀さん（仮名、25歳）は、安堵したような表情で話し始めた。真紀さんは、荒れる子どもたちへの対応、休職した担任教員の穴埋め、管理職のパワーハラスメントなど、何重もの苦労を重ねてうつ病になり教職に終わりを告げた。

東京都教育委員会の資料によれば、都で新規採用した教員のうちの４～５％が採用後１年以内に退職しており、新人の離職は深刻な問題になっている。

文部科学省「公立学校教職員の人事行政状況調査」（２０２２年度）からは、小学校の教職員の「精神疾患による病気休職者及び１か月以上の病気休暇取得者」を見ると、２０１８年度の４２９０人から22年度は６０９８人へと増加している。学校別の同休暇取得率は小学校が最も高い１・47％、中学校が１・25％、高校が０・９％などとなっている。小学校、中学校、高校など公立学校全体の病気休暇取得率を２０１８年度と２０２２年度で比べると、０・98％から１・33％へと増えている。年代別に見ると20代の上昇幅が大きく、同様に１・25％から２・03％に上がっている。現場で疲弊して精神疾患となって退職に至るケースは少なくない。いったい、現場で何が起こっているのか。

真紀さんの場合、就業時間は8時15分から16時45分だが、定時で帰ることなどない。児童の登校時間が8時10分からのため、教員は開門などの準備のため7時40分に出勤する。真紀さんは毎日、朝6時20分に起床して7時10分には家を出て学校に向かった。朝なかなか起きられないため、2万円もする特別な目覚まし時計を買った。大学生の頃はよく絵を描いていたが、教員になってから趣味の時間などなくなった。土曜は平日の疲れをとるため眠り続け、日曜は「またあの1週間がくるのか」という、月曜を迎える憂鬱で死んだように眠っていた。月に1回程度、土曜授業がある時は「今週は6連勤か……憂鬱だなぁ」と意気消沈した。

帰宅する時間には波があるが、22〜23時になってようやく帰ることができた。運動会などの行事前、学期末前の成績をつける時期、児童同士が殴り合うなどのトラブルが起こると、日付を超えてしまうこともある。

成績をつける時期は、残業が特に多くなる。個々の児童をみての絶対評価で成績をつけていいと言われても、ＡＢＣでつける成績表をいざ校長に提出すると「Ａが多すぎる」と戻され、やり直し。結局は相対評価になってしまい、やむなくＢに下げた児童がたくさんいた。１人当たり３００字の所見も書かなければならず、それにも校長のチェックが入る。それが13クラス分。深夜３〜４時まで学校に居残っていた。

保護者からのクレームも怖く、いつもハラハラした。成績について根拠をもって評価したと保護者に説明できるよう、児童たちの作品を写真に残してＡＢＣの基準を可視化できるようにした。

同僚の音楽の教員は「給食費担当」が割り当てられて、滞納している家庭をチェックしていた。その時に「校長口座」があることを真紀さんに教えてくれた。給食費が払えず滞納する家庭の給食費を校長の金融機関の口座から払うため「あそこの家は校長口座だから、集金はないよ」と。とはいえ、同僚は夜中まで電卓をたたいて給食費の集計をしていた。

ＰＴＡの負担は保護者だけにかかるわけではない。学校側にも担当者が決められるため、教員にも重くのしかかる。図工の教員という仕事柄、ＰＴＡの広報紙の担当となった真紀さんは新学期には教員の顔写真をまとめ、子どもが描くイラストの指導をしなければならなかった。校長は「ＰＴＡは保護者がやるもの。先生は手伝うな、頼まれても突っぱねて」と言うが、「そんなの無理、無理、無理。無理です」と真紀さん。まだ若い教員が保護者と関わってしまえば、「できない」とは言えなくなるし、実際、手伝わないと広報紙は完成しない。

普段は図工などの専門科目の教員は給食の時間に各クラスを回って食物アレルギーのある児童が誤食しないよう付き添い、休み時間や登下校の児童の見守りをするなど「補教」と呼ばれるヘルプ業務をする。ケンカが起こると専科の教員が呼ばれ仲裁に入り、現場責任者として保護者に連絡。児童がケンカで手を出した、転倒して頭を打った、吐いたなどの連絡をすると、たいていは保護者から怒られてしまう。

離婚してひとり親家庭になった保護者から朝「うちの子、起きられないから迎えに来て」と頼まれることも。さすがに教員が迎えにいくわけにはいかず、なんとか校門までは連れてきてもらう。門の前では児童が登校を拒否して大暴れしていることが少なくない。担任は教室でクラスの児童たちをみなければならないため、真紀さんが門に迎えにいき「おはよー！　えらいじゃーん、よく来てくれたね。いえーい！」とテンションを上げながら教室まで児童を連れて行く。そんな時、真紀さんはつい「朝、本当は授業の準備をしたいのに」と思ってしまう。保護者から「あの先生は苦手だから、先生、チェンジして」と真紀さんが指名されることもある。

図工は楽しい授業であり、ほっとできる時間にしたいと思って真紀さんは授業をしてきた。2年生から6年生までを教えるため、担任よりも長い関係性のなかで信頼を得ることもある。児童が担任に話せないことを真紀さんに打ち明けてくれる、暴れている時に真紀さんでないとダメだと呼ばれることは、児童から頼られている証左でもあり、やりがいを感じていた。

同僚に恵まれているかどうか。それによっても働き方が大きく左右される。ある年は、産休の代替として年度途中で採用された30代の男性教員に、問題があると感じた。挨拶をせず、机の上の整理整頓ができていない。首には金のチェーンネックレスをして、ズボンはゆるいものを腰まで下げて履いているため下着が見えていた。風呂に入っていないのか、体臭がきつく香水でごまかしていたため、妊娠中の教員が嘔吐するほどだった。

その男性教員は児童を「お前」「てめー」と呼び、「よく出来ない子」と言っては黒板に名前を書き出していた。宿題のプリントなどのフィードバックはなく、担任を通して返してもらうはずの図工の作品も机の上に積まれたまま。どの学校でも1年以上働いたことがなく、転々としてきたという噂を聞いた。小学3年生のクラスを持ち、女子児童を自分の膝のうえに乗せて抱っこしていた。女子児童が「きもい、助けて」と真紀さんに相談したことで発覚した。「産代教員」を怖がった子の保護者は「1年間、自宅で勉強させます」と不登校を宣言した。こうして他の教員がトラブル処理に追われ、負担になっていく。

そうした問題のある教員について、「毎月、「今月のやらかしリスト」と呼ばれるものが職員室で回ってくるのです」と真紀さん。保護者と不適切な関係になった、管理職が女子児童を盗撮した、自転車を盗んだ、子どもを殴った、ケガをさせた、など都内で問題が発覚した教員一覧が回覧されるという。

「問題を起こす教員が多くなるのも、残業が多いのに残業代がきちんと出ないなど労働条件が悪いからだと思います。いい人材を教員にしたいなら、きちんと待遇しなければ。一方で、問題教員のリストにはUSBや答案用紙、パソコンを紛失したというものもあります。これは、学校で仕事が終わらず持ち帰っているということ。そこを改善しない限りは、教員採用試験を受けようなんて人は増えない。問題のある教員でも生き残ることができてしまう。今の公立小学校は、「担任ガチャ」どころか、教員にとっての「学校ガチャ」もある。運がいいか悪いか。私は運が悪かったのかもしれません」

管理職によるパワーハラスメントも教員不足に拍車をかけるが、真紀さんも無関係ではなかった。

「情熱のある女性の校長でしたが心を病む先生が続出し、1年で職員室が崩壊しました。ハンカチを忘れてくる児童が多いくらいなのに、校長の理想が高く、校長が「やれ！」と命じることと児童の姿にギャップがありすぎ、現場の教員が苦しみました」

授業中に立ち歩く、教室から脱走する、ケンカして泣いている子がいるなど日常茶飯事であるにもかかわらず、校長は「子どもを絶対に教室の外に出さないで！ 全員必ず座って授業を受けさせなさい」と言ってきかなかった。教室を飛び出す児童がいれば担任に「何をやっていたの！」と大激怒する。保護者が管理職にクレームをつけると、校長は教員に対し、何月何日に保護者とどう会話をしたのかA4サイズの用紙5枚分も書かせ、その報告書をコピーして教員全員に配ってみせしめにした。男性で学年主任を務める腕のある教員が、そうした校長からのパワーハラスメントによって適応障害になって休職してしまった。

小学2年生から6年生まですべてのクラスの図工を教えるため真紀さんは1週間ほぼ空きコマがない状態だが、急な休職の穴埋めに担任を持っていない専科の真紀さんが充てられた。1学期が始まった春先に担任がいなくなったことで、子どもたちの間には「どうせ、俺たちなんて」という見放されたムードが蔓延していた。真紀さんは日々、児童が転んでケガをした、クラスでトラブルがあったなどの保護者連絡に追われた。

連日の児童への対応に追われて疲れ切り、心の余裕がなくなった真紀さんは、少しでも集団の輪を乱す児童を許せなくなっていった。公立小学校での教員3年目の秋、職場からの帰り道が分からなくなって横断歩道をぐるぐる回り、記憶が飛んでしまった。脳の疾患かと思った真紀さんは母親に付き添ってもらい病院に行った。精密検査で異常はなかったが、うつ病になっていたことが判明した。真紀さんは診断書を持って管理職と面談し、「今年度で退職します」と告げた。

音楽の教員もうつ病で辞め、新卒採用の教員も心が折れたといって辞めていき、同時期に十数人の教員が退職した。真紀さんの給与は手取り26万円。ボーナスを入れても年収400万円ほどで「仕事の大変さとは見合わない」と、派遣社員として教員ではない職業に転身した。

「教員になる人は子どもが好きな人が多いはずなのです。けれど、対応が難しい子どももいるなかで、一人で30人の子どもたちをみるのは酷です。もし学級崩壊していたら、ベテランだって心を病んで出勤できなくなるのです。若手が早いうちに心が折れる理由はそこにあるのだと感じました」

教室にもう一人の大人を

教員の職務は子どもたちの人格形成に大きな影響を与えるもので、教員という人そのものが「教育環境」だと言える。

そのため、優秀な人材を確保するために「学校教育の水準の維持向上のための義務教育諸学校の教育職員の人材確保に関する特別措置法」(人材確保法)が1974年に制定されており、教員の給与を一般の公務員より優遇することとされている。ただ、教員の場合はいくら残業しても「定額働かせ放題」とたとえられる法律にも縛られている。「公立の義務教育諸学校等の教育職員の給与等に関する特別措置法(給特法)」により、教員には時間外勤務手当を支給しない代わりに基本給に一律4%の

「教職調整額」を上乗せすると定められている。文部科学大臣の諮問機関である中央教育審議会では、現行の4%から10%に引き上げる方針を打ち出しており、法改正が実現されれば同法が制定された1971年以来の初の増額となるが、単に残業代が増額されるだけでは抜本的な解決とはならない。

文部科学省が3年ごとに行っている「学校教員統計調査(確定値)」(2022年度)から、公立小学校の採用者数と離職者数を見てみよう。2012年度間の採用者数は1万7223人で、2021年度間では1万9210人と増えている。離職者数を同様に見ると、1万8020人から1万5030人に減っている。ただ、離職の理由を見ていくと、「定年以外」で辞めた理由のうち、「転職のため」が1318人から2098人に増えており、人材の流出ぶりがうかがえる。また、辞めた理由が「病気のため」は2012年度の589人から2021年度は753人に増えており、そのうち精神疾患が350人から569人に増加している。文部科学省の「公立学校教職員の人事行政状況調査」によれば、2022年度の教職員の精神疾患による病気休職者数は6539人で前年度から642人増加して過去最多となっており、看過できない問題だ。

教育関係者への取材では「一クラスの児童数が多いことが教員にとって「地獄の始まり」だと思うのです」という声が多く聞こえた。学年の人数が中途半端だと3クラスにするには足りず、2クラスで教室には机と椅子がびっしり敷き詰められることになる。狭い空間に児童が密集すると、教員も児童もギスギスしてしまう。そして、相性の良くない児童同士が狭い教室のなかで離れることができず、ぶつかりやすくなる。高学年になれば身体も大きくなり、人との間隔に余裕がないことでイライラすることになる。

たとえ市区町村が独自に一クラスを25～30人にするなど余裕のあるクラス編成の基準を設けたとしても、教員は都道府県の採用のため都道府県から市町村基準の教員数を配置してくれるとは限らない。その場合、市区町村独自に予算を立てて教員を採用することになるため、もう一クラスを作るための教員を確保できるかどうかは死活問題だ。

ある小学校の管理職は、「クラスに担任のほかに副担任がいるのが理想です。少なくとも学年にプラス１人が必要。教員に余裕がないことで職員室の居心地が悪くなると、教員は教室にこもってしまいます。すると、教員が個々に抱える困りごとに気づきにくくなる。教員同士に余裕があれば声掛けして助け合えるのですが、その余裕が今、ないのです」と話す。

和光大学の山本由美教授は「大規模な小中一貫校だとしても、教員を加配しているところはうまくいっている傾向がある」と指摘しており、教員不足は切実な問題だ。

東京都では、２０１０年度から「学級経営研修」を導入している。学級経営研修では、小学校に配置される新規採用教員のうち教職や社会人経験のない新規大学卒業者を対象に、指導力のある経験が豊富な「育成担当教員」がついてペアで複数担任制をとりながら学習・生活指導などの教育活動を行い、１年間学校現場で実務研修を実施する。育成担当教員には、定年退職後に再任用された短時間勤務の職員がつく。学級経営研修生を配置している学校は、２０１０年度は83校だったが、２０２０年度は２２８校に増えている。このような取り組みが広がることで、離職の防止につながることが期待される。

２０１６年に成立した「教育機会確保法」は、不登校などで十分な義務教育を受けられなかった子どもたちに教育機会を確保するための法律だが、教員不足が解消されないまま教員が満足いく教育ができない状態であることは、教育機会確保法に反することを意味するのではないだろうか。ただ、すぐに教員を増やすことが困難ななかでは、教員以外であっても「大人の目」を増やすことが急務の課題となる。

文部科学省が全国の公立の小学校、中学校、高等学校の通常の学級に在籍する児童生徒の抽出調査で２０２２年12月に公表した「通常の学級に在籍する特別な教育的支援を必要とする児童生徒に関する調査結果について」によれば、発達障がいの可能性のある「学習面または行動面で著しい困難を示す」とされた小学校の児童は10・４％を占めることが分かった。１クラス30〜35人だとしても、クラスに３人ほどの割合となる。そうしたなか、小中学校に在籍する発達障がいを含む障がいのある子どもたちを支援するため、担任教師の補助として、食事、教室移動、学習活動のサポートなどを行う「特別支援教育支援員」の存在は、担任以外の大人として重要な役割を担う。

学校教育法の改正によって２００７年度から、障がいのある児童生徒の教育の充実を図るため、従来は障がい種別ごとに設置されていた盲・聾《ろう》・養護学校の制度が、複数の障がい種別を教育の対象とすることができる「特別支援学校」の制度に転換され、それとともに小中学校に在籍する教育上特別の支援を必要とする児童生徒に対して適切な教育（特別支援教育）を行うことが明確に位置づけられた。

その一貫として、学校での日常生活動作の介助や学習活動のサポート、教室を出ていく児童を追う、授業中に立ち歩く児童の対応など、担任だけでは対応が困難な児童のサポートを行う「特別支援教育支援員」を配置するための費用について政府は２００７年度から地方財政措置した。２０２３年度は小学校に４万７６００人の支援員を配置する経費を措置しているが、全国の公立小学校数は同年度で１万８６６９校。単純計算で1校当たり2.5人の支援員の配置にしかならない。現場では、より多くの支援員が必要とされている。

第2章で記した支援員の百合さんが勤める小学校は1学年が2クラスあり、それぞれに5人の発達障がいのある児童がいる。百合さんは「親が認められないだけで、実際には支援を必要とする子がもっといます」と話す。３年生から見てきた学年が、４年生頃から荒れ始めた。6年生になるとクラスの多くが中学受験するためストレスを抱え、全体が荒れるようになった。診断がついているわけではないが、発達障がいと思われる男子は「ねぇ、聞いて！　聞いて！　聞いて！」と、自分のことを見てほしくて黙っていられない。逆に、「自分に触らないで。こっちを見ないで」と拒絶する児童もいる。

人手が足りず、毎日支援員がいるわけではない。１時間目は2年1組、２時間目は3年2組というように支援員は学年をまたいで教室を行ったり来たりするため、百合さんは「１日を通して同じクラスで、せめて同じ学年を見ないと、なぜその子が困っているのかが分からないのです」と頭を悩ます。

支援員は教員の後方支援。文字通り、教室の後ろから児童を見ると、黒板の前に立つ教員とは違う角度で児童を見ることができるという。先生に隠れて手をごそごそしているのも、後ろから見ているとよく分かる。発達障がいがあって皆のペースでは授業がついていけなくても、そっと横にいて解説し、図を書いて説明すると理解が進む。たとえ勉強する意欲がない子どもでも、ふとした時にやる気が出て「先生、教えて！」と声をかけてくれることもある。その手助けをするための支援員のはずなのだが、百合さんはまず受験のストレスで荒れる児童を何とかしないといけないジレンマを抱えている。

「〝困り感〟のあるおとなしい子もいます。発達障がいかどうかは分からなくても、友人関係をうまく作れず、傷つきやすい子もいる。失敗ばかりして自分にイライラし、親も原因が分からず叱ってばかりで、自己肯定感が低く自信を持てない子がいる。しかし、保護者に発達障がいの可能性について言及すれば、「名誉毀損だ」「精神的苦痛だ」とも言われかねません。私が勤めている自治体では支援員の配置に保護者の同意が必要なため、保護者の同意が得られるかどうか……。そこに多くの児童の受験ストレスが加わり、教室はカオス状態です」

また、中学受験のための児童の塾通いが教員の負担を大きくしている側面もある。都内で中学受験する児童の多い小学校で働く教員は「塾で勉強を先取りされるのは学校教員にとって正直、やりにくい」と本音を漏らす。

そうした場合、あえて、なぜその答えや解き方にたどり着くのかを考えるよう授業を進めているという。国語や社会も知識を問うのではなく、時代の背景や今との違いを調べるグループ学習を行うなど工夫しなければ授業が成り立たない。そうした状況に加えて、その教員の働く学校には各クラスに

2〜3人ほど発達障がいであろう児童がいるという。

「その子を受け入れて周囲の児童らとの関係作りをはかるには、担任1人では難しい。教室にいる大人を増やさなければ教育が行き届かなくなってしまいます」

特別支援学校で長く教えていた教員も「普通級のなかで理解し合い、支え合いながら自然に学ぶことが貴重なのです。それが社会生活につながっていくのですから。教員だって、子どもが好きで毎日を大事に過ごすことができれば、それでいいのだと思います。それには、現場に余裕がなければならない」と話す。

他の特別支援学級の教員は、ずっと座っていられない子がいれば、決して座るように命じないという。走り回る子のため、音楽会ではその子が走り回っていることがパフォーマンスに見えるよう工夫し、ずっと走っていていいようにした。走っている時のその子は、活き活きとした表情だった。発表会では「劇ごっこ」を行う。主役になると得意なことが発揮できる子、話すことはできないけれどニコニコ笑っている子、今まで立つことができなかったが一歩を歩けるようになった子。一人ひとりの力を引き出し、力を出せる劇にできるよう物語を構成していく。専門家として、「この子は今、これをやろうとしている」という小さな変化に気づいて、その子の発達の課題を助けていく。そのためには、人手はもちろん、教員が勉強をする時間も必要だ。

発達障がいのある児童が通級に通い、通級を通して担任がその児童の良さを見つけてあげられることで、その子が学校で生きやすくなることもある。第1章で記したような排除される形で特別支援を受けるのではない、多様な学び方が広がることで、親子の選択肢も増える。それらが実現するために、教室にもう一人の大人を——。現場の切実な願いだ。

教育の本質を問う現場、N中・N高の取り組み

教育現場に大人の目が増え、公立小学校で柔軟な学級運営ができればいいが、一律一斉の授業で皆と同じにするよう求められる教室を拒絶して不登校になる児童は少なからず存在する。2022年度の小学校の長期欠席者は19万6676人。そのうち不登校の児童は10万5112人で、前年度の8万1498人を大きく上回る（文部科学省「児童生徒の問題行動・不登校等生徒指導上の諸問題に関する調査」2022年度）。

小学校で公教育から離れてしまうと、その後も公教育に期待できずに公立の中学校に通えなくなるケースは後を絶たない。その受け皿の一つがフリースクールになるが、「不登校という言葉そのものをなくそう」と新たな学びの場として注目されているのが、学校法人角川ドワンゴ学園が運営する通信制高校「N高等学校」と「N中等部」だ。

学校教育法の第一条により、学校とは幼稚園、小学校、中学校、義務教育学校、高等学校、中等教育学校、特別支援学校、大学、高等専門学校とされている。フリースクールは「一条校」ではないため、学校教育法によらないものとなる。

Ｎ中等部は同法でいう中学校ではないため、指導に当たる職員は教員免許を必要とされず、生徒は登校していなくても地元中学に在籍しながらＮ中等部で学ぶことになる。初年度の２０１９年度、Ｎ中等部の生徒数は２０２人。東京、大阪など全国14か所にキャンパスが広がり、２０２４年３月末時点で、１４２６人の生徒がいる。

始まりは２０１６年に開校されたＮ高等学校で、インターネットを活用したネットコースや、プログラミングなど専門的な知識に特化した学習ができる斬新なスタイルで注目を集めた。Ｎ中等部名誉スクール・プレジデントで、Ｎ高等学校校長の奥平博一氏は、もとは公立の小中学校や通信高校で教えていた。通信高校のイメージを変え、新しい教育に取り組みたいという奥平氏の想いからまず、通信制高校のＮ高ができた。Ｎ中等部と違いＮ高は学校教育法の「一条校」となるため、単位を修得するための授業を指導する教員は教員免許が必要とされる。それ以外の課外活動や体験学習、ネット部活など専門的な分野では教員免許の有無にかかわらず、専門性の高いサポートスタッフ(職員)も行う。教職員は角川ドワンゴ学園が採用するが、同法人以外に所属するスタッフもいる。

通信制高校の定員は2万人のため、Ｎ高の生徒数が上限に達したことで２０２１年にＳ高が開校された。Ｎ高の初年度の生徒数１５７０人、Ｎ高とＳ高の生徒数は２０２４年５月１日時点で２万８９４２人となっている。本稿執筆時点では、２０２５年４月には3校目となるＲ高を開校する準備中だ。Ｎ高の説明会に小学生の保護者が参加し、中学生も通えないかという要望から２０１９年４月にＮ中等部が設立された。

学校法人角川ドワンゴ学園のN高横浜キャンパス

そもそもの学校の役割、教育の目的について、奥平校長はこう語る。

「学校の役割や教育の目的というのは、大人になって社会のなかで生きていける力をつけることに尽きます。けれど、教員も保護者も学校に登校することを重視します。教育のゴールは、「学校に行く」ということではありません。「不登校」という言葉にマイナスのイメージがありますが、N中等部で学び始めた瞬間に「不登校」という言葉はなくなるのです」

個々のライフスタイルに合わせて勉強できるよう、N中等部には、通学コースとネットコースがある。通学コースは通う日数を選べ、週1日、3日、5日から選択できる。授業時間は、午前9時半から夕方4時半頃まで。ネットコースは、月曜と水曜の「昼クラス」(13時30分~16時)と火曜と木曜の「夕方クラス」(17時~19時半)を選ぶことができ、「Zoom《ズーム》登校」してオンラインで学習する。平日11時から20時までネット自習室が開いており、大学生など生徒と年齢が近い「TA(ティーチング・アシスタント)」が質問や相談に応える。小学校の勉強から学び直すこともできる。プログラミング学習にも注力し、プログラミングが得意な生徒は、高校生と同じ内容のプログラミングの授業をオンラインで受けることができる。

筆者はここ2年ほどN中等部やN高の複数のキャンパスを取材で訪れている。２０２２年9月に横浜キャンパスに足を運ぶと、ゆったりとした雰囲気のなかで生徒が授業を受けていた。標準服はあるが、登校する時の服装や髪型は自由だ。お気に入りのぬいぐるみをそばに置いて授業を聞いてもいい。ビルの一室を使ったキャンパスにはテーブルが並び、座る席は自由で、窓際にカウンター席も設置されている。

年４回新しい生徒が入るため、中学１年生、２年生という呼び方でなく、在籍１年目、２年目と呼ぶ。在籍１年目に中学３年生がいることもあり、互いに学年を意識しない。教育スタッフを先生ではなく「メンター」と呼ぶ。在籍している生徒全体に複数のメンターがつく。メンターが毎月１回、15〜20分程度、全員と面談して目標を決め、困っていることはないか、話をする。やりたいことが見つけられない、迷っている生徒には、「これをやってみない？」と提案しながら、やる気を引き上げる。

ＰＢＬ(Project Based Learning＝21世紀型スキル学習やプロジェクト型授業)の授業ではフロアはパーテーションで区切られ、在籍１年目とそれ以降の生徒を分けて授業が始まる。２年目以降の生徒を対象とした授業では、生徒はそれぞれ、動画編集をする、ブログを作るなど自分のやりたいプロジェクトを考えるという内容もある。

１コマ目、在籍１年目の授業を覗くと、ワークショップ型の授業が始まった。自分を知り、思考力を高め、仲間と協働するスキルを学ぶ学習の中の、社会で必要とされる協働やコミュニケーションの能力を伸ばすことを目的とした授業「Collaboratory」(コラボラトリー)が行われていた。Collaboratoryとは、「collaborate」(協働すること)と「laboratory」(実験室)を合わせた造語だ。Ｎ中等部はそうしたスキルを「21世紀型スキル学習」として、推し進めている。

その日は、「聴く」をテーマに、メンターと生徒とで質問のしかた、答え方を実践していた。メンターが「相手が話している時、「そうですね」と相槌を打ったり、関係することを質問してあげると、相手には聞いてくれているという安心感ができて、話しやすくなります」と説明。生徒は「へぇー、そうなんですか」と笑みを浮かべながらメンターや友人の話に耳を傾けた。質問する練習の後は、「振り返り」を行う。自分の聞き方に点数をつけ、その点数をつけた理由と、どうしたらより感情を引き出せたか各自がパソコンに入力していく。その内容をスクリーンショット(画面を画像で保存すること)し、コミュニケーションツール「Slack《スラック》」で共有する。社会人が研修で受けるマナー講座さながらの一コマだ。

在籍2〜3年目の生徒は、自分のやりたいこと(マイプロジェクト)を探して取り組む「タンサク」という授業でコンテスト提出に向けた動画編集や検定合格に向けた学習など、各自で設定した目標に向けての作業を進めていた。自由選択の授業で取り組んでいるものは、プログラミング、自主学習、読書などさまざま。クリエイティブツール「Adobe」の基礎を教え、「Illustrator」を使用してロゴデザインを作成する授業もある。そこで興味を持って自分で調べてデザインして作品を制作する生徒もいて、ある生徒は横浜キャンパス内だけで使える模擬通貨をデザイン。データを元に立体造形できる「3Dプリンター」を使って模擬硬貨を印刷した。キャンパスには、そうした多くの作品が飾られている。横浜キャンパスの諸希恵《もろきえ》キャンパス長は「楽しいからできること」と笑みを浮かべる。

休憩時間になると、メンターが「昼休み、遊ぶ人ー?」と声をかけながら教室を歩いて回る。何人かが集まってカードゲーム「UNO《ウノ》」で盛り上がると、だんだんとその輪に生徒が入っていく。近くで見ているだけで楽しい子、途中から入る子など、それぞれが思い思いに過ごす。放課後は、授業で使っていたモニターにゲーム機「Nintendo Switch」をつないで皆で盛り上がる。

「好きなゲームを通して仲良くなるため、N中等部ではゲームはコミュニケーションツールとして認められています。通学コースを選んで最初は来ることができなくても、休み時間が楽しいからと、だんだん来ることができるようになる生徒もいます」(諸キャンパス長)。

(上)学校法人角川ドワンゴ学園のN中等部横浜キャンパスが入る建物
(下)同中等部キャンパス内で学ぶ生徒たち

N中等部には2024年5月時点で36の同好会があり、N高グループにある200の同好会の一部にも参加できる。また、新歓イベントも開催される。オンラインでの文化祭もあり、生徒のコミュニケーションを活発化できるようなイベントを企画する専門部署がある。通学の生徒が来なくなると、Slackのメッセージや電話やオンラインなど生徒に合った方法で、生徒や保護者と連絡をとり合う。

ある科目が不得意でも、できないと否定されたりもしない。全体のルールとして、「相手を否定しない」が徹底されている。その子自身をどう捉えるか。何が好きなのか。それを見つけて認め、自信をつけさせていくのがN中等部だという。奥平校長はこう話す。

「一斉授業をするのではなく、それぞれがやってみたいことを思い切ってやってみる。自分の個性、ユニークさを大切にしながら、高度な情報を扱える強みを育てる。その教育の場として、N中等部があります。公立の学校は画一的に「早く、ちゃんとできる子」を求めがちですが、そこで少しでも適応できないと、浮いた存在になってしまう。だから、学校が面白くなくなる。そうした「面白くない」が表面化して、不登校が増加するのではないでしょうか。教室のなかで自分が認められず、居場所を失っている子どもたちが増えているのです」

N中等部やN高のカリキュラムの大きな特徴として、前述したPBLがある。〝予想困難な時代〟と言われるなか、「正解のない課題」に対して自分なりの解決策を出すこと、チームで協働する力をつけるためのPBLを重要視し、「プロジェクトN」と名づけている。プロジェクトNは2クラスに分かれて行う。基礎的なスキルを身につける「α《アルファ》」、プロジェクトのマネジメント力を磨き応用スキルを学ぶ「β《ベータ》」がある。ベータクラスに抜擢されると中学生も高校生と一緒の授業に参加することができる。

プロジェクトNは年に数回、1班3～6人でグループワークを実施。取材時のテーマは、「多文化共生を実現する場」。各班が企画する。PBLでは、目標を設定して自己評価していく。ブロックごとにプレゼンで競い、全国の生徒が発表会に参加する。

2023年12月、再びN中等部の横浜キャンパスを訪れると、朝の会が終わってからプロジェクトNの時間が始まった。テーマは「まだ知られていない横浜の魅力を伝えるための新しいお土産を考える」。1週間後の中間発表を控えていた。各グループが横浜にちなんだお土産を考え、デザインなどを試行錯誤している。桜木町にある「ランドマークタワー」の形の瓶のモチーフを考えたグループ、薔薇のハーバーリウム(ドライフラワーを特殊なオイルに入れたもの)を考えたグループ、飴のお土産で童謡「赤い靴の女の子」に出てくる赤い靴をデザインした箱に入れる案のグループなど、それぞれが、パッケージのデザインなどについて話し合っている。

どのグループでも誰かがパソコン上で立体視できる画像の「3D」(3次元)モデルを使ってデザインを考えている。デザインソフトのIllustratorを使ってパッケージをデザインする生徒も。メンターは、普段あまり話していない生徒同士、リーダーシップを発揮できそうな生徒の組み合わせを考え、力に差が出ないようグループを編成する。最初はコンテストで発表することに及び腰な生徒でも、次第に「やるぞ」とモチベーションが上がっていくという。

すべての授業で今月の目標を決め、日々の目標に落とし込む。テスト範囲をマスターする、小テストに合格するなど短期的な目標を設定する。それに対して、パソコンで日誌を開いて今日の学びについて授業ごとに振り返って記入していく。文字にすることで、自分が考えたことを人に伝える訓練になる。春には「達成できなかった。苦戦した」など、たった2行の記入だったとしても、秋にはスペースいっぱいの記入に増えていく。生徒が「頑張った」ということについて、メンターが「どう頑張った?」「何を頑張った?」と引き出していく。すると、だんだんと、達成できたこと、できなかったことの理由や自分の課題について考えて書けるようになっていく。

キャンパス内では隣の部屋で、ベータクラスの中学生がオンラインを使って高校生と一緒のテーマでプロジェクトNを進めている。ベータクラスに参加した間渕拓さん(取材時は在籍2年目)は、前述した「多文化共生を実現する場」をテーマに参加。4人1グループでアプリケーションを作る構想を練り、「クロス・カルチャリング」を提案した。商店街で個人経営している店に向けて、宗教や文化の違いをまとめるサイトを設計できないかと話し合っていた。

「PBLは人との付き合い方を学ぶ場でもあります。中学、高校、キャンパス、オンラインそれぞれでつながり、学校の外にも出かけていく。N中等部は「こんな事ができたら良いな」ということを反映してくれる。そうした既存の環境を取り払った学習から個々の意識を高めることができると思っています」

パソコンが得意な間渕さんは、幼稚園の頃からプログラミングに触れる機会に恵まれ、プログラミングに夢中になった。もとは受験して入学した小学校に通っていたが、ニュースで知ったN高に関心を寄せた。中等部ができると分かると、N中等部に週3日通い始めた。N中等部には「プログラミングTA」もいるため、より専門的な技術を学ぶことができ、高校生と同じ授業に参加できるため、パソコンのスキルを磨くことができる。間渕さんは週3日の通学以外の日は、自宅でプログラミングに集中する。間渕さんは「そうした隙間の時間があるからPBLも頑張ることができます」と言う。

間渕さんは開発したプログラミングを外部コンテストに出して賞をとっている。取材時、英単語の穴埋め問題の例文を作る「AI study」を制作中で、N高の友人とチームを組んで開発し、バージョンアップを図っていた。角川ドワンゴ学園の生徒たちは中等部や高校の垣根を超えてSlackでもつながることができ、示し合わせて学校でも会える。なかなかできない体験だ。

「N中等部には、他人を否定しないというルールがあります。そのままのお互いを尊重する。皆で楽しく過ごすようにするのは社会で生きる基本のルール。毎日、目標を立てて、日々ポートフォリオやプロジェクトシートを更新するため、自分がすべきことの意識が高まります」

中学を卒業してからは、N高に進学するか高等専門学校に進学し、国内外にある大手IT企業で働きたいという目標がある。その先には起業も視野に入っている。履歴書に何が書けたら実現するか、今から思い描いているという。

前述したキャンパス長の諸さんは、「やる気のある人に機会を提供したり、何かやりたくてうずうずしている人の背中を押してあげたい」と、角川ドワンゴ学園で働くようになった。広告会社、NPO法人、ベンチャー企業を経てN中等部にたどり着いた。大学生の就職支援をしていた頃、一流と呼ばれる大学の学生の多くが、明確な動機がないまま一流と呼ばれる企業への就職を目指していた。勉強はできても協働できない、決められた答えしか考えられない。それは、自分がやりたいことを軸にするのではなく、周囲の評価を軸にしているからではないか。大学生になってからでは価値観も固定化してしまう。もっと前に多様な生き方や働き方の選択肢があることを知ったほうがいいのではないか。そう感じていた時に、N高の存在を知った。

2020年に角川ドワンゴ学園に入社し、N中等部に配属されて4年が経った(取材当時)。通常の中学校なら「行かなければならないところ」かもしれないが、N中等部は生徒が自ら選んで「○○がしたい」と思って来ている違いがある。不登校の今を変えたい、友達を作りたい、プログラミングをやってみたい。挑戦していく様子を見ると、「もっとやれそうだ」という可能性を感じる。画像の編集を楽しいと感じ、次第に将来の職業につながっていくケースも。目標は、座っていれば与えられるものではない、自分の意思でやりたいと思うことで具体化していく。その時にN中等部には、教材、イベント、外部コンテストなどのメニューが揃っている。

メンターは生徒に伴走して応援するコーチのような存在であり、気軽に話せるお姉さん、お兄さんという存在でもある。生徒が何かにチャレンジし、メンターが「いーね！ いーね！」「前よりも○○できるようになったね！」と応援していると、生徒自身が「あ、自分、変わってきたかも」と思うようになるという。

「公教育の場の中で「普通」を求められ、それに違和感を抱き、つらい思いをしてきた生徒もいます。だからといって、学びの機会がゼロになるのではいけない。そのなかで、もし字を書くのが苦手でもパソコンを使えばレポートも書けます。ネットで授業に参加して学ぶこともできる。「できる」選択肢がN中等部にあるのです。いわゆる勉強でなく、社会で生きていく上やビジネスの現場で役に立つような実践的なスキルを身につける。そこにＮ中等部の役割があるとも考えています」

朝９時にメンターがキャンパスの扉のカギを開けるが、先に来て待っている生徒がいる。時間になると続々と生徒たちがやってきて、下校時間になってもカギを閉めるギリギリまで残っている生徒がいる。

「何かをしなければいけないという義務感ではなく、３Ｄモデルを使ってみたら楽しくなり、プログラミングについて話せる友人ができ、作品を見せ合ううちに「楽しい」「行きたい」と思うようになる。学年がないため、上下関係もない。キャンパスに来たら楽しい。キャンパスに来たら楽しもう。情熱がない子なんていない。その情熱に向き合うための〝余白〟のある活動が必要だと思います」

「自由」を活用して得る学び

こうした〝余白〟の大切さを実感しながらＮ高に通う山口湖春さん（取材時は高校２年生）は、中学時代に不登校を経験したが一念発起。Ｎ高でのＰＢＬなどを通して、充実した毎日を送っている。

「不登校という言葉は、登校することが絶対だからある言葉。この日はキャンパスで頑張る。この日はしんどいから家でパソコンに向かう。それはさぼるという意味ではなく、自分で選択してスケジュールを設計しているのです。自由を利用し活用できる場がＮ高にあります。自由をうまく利用することができるＮ高を選んで良かった」

2023年12月、N高の横浜キャンパスでは「プロジェクトN」のブロック発表会が行われていた。全国の約160チームが6ブロックに分かれて中間発表に参加した。全国900人弱の生徒がZoomの画面を見守った。1チーム5分での発表となる。各班が発表し、中間発表では生徒たちが評価して点数をつけていく。点数をつけることも勉強で、なぜその点数なのかを説明できるよう考える。ブロック28チームのなかから1チーム、合計9チームが本戦に挑む。

各チームは、訪日外国人向けの飲食案内ガイド、図書館をリデザインして在日外国人も安心して行ける避難所にする、訪日外国人向けの日帰りや一泊の短期留学、コンビニでハラール食を販売する、幼稚園などに移動図書館で海外の絵本を運ぶ——などについてプレゼンした。生徒たちの多くが、取材に出かけながらまとめた。他のキャンパスでは、駅の券売機が外国人にとって不便だろうとテレビ局の取材班のように街頭インタビューに出て撮影しながらの取材を行い、ニュース番組のドキュメンタリーのように仕上げたチームもあった。

山口さんはこの日の発表者の一人。外国人が多く住む江戸川区のアンケート調査の結果を基に、災害時の不安を抱えている外国人のために、安心して図書館を使えるようにリデザインすることを提案。元江戸川区議などにも取材を行い、「クロス・カルチャー・リデザイン」をテーマに発表した。災害時に避難できる場所でもある図書館では、日常的にイベントが行われており、外国人にとってもコミュニティを形成できる場所となるのではないか。そこに宗教にかかわらず食べることのできる非常食も備蓄していると助かる外国人がいるのではないか。宗教活動のできるスペースも作ったほうが良いだろう。発表を終えた山口さんは、こう話した。

「今回は、取材に労力を費やしました。アポイントをとりつけるための依頼文をメールで送るところからすべてが勉強です。取材することで、インターネットでは取れない情報を得ることができました。チームで役割分担をして、何を求められているかも踏まえて企画を練ってプレゼンの構成を考え、台本を作る。チーム全体のモチベーションの維持やスケジュール管理も必要です。他のグループの発表からの学びが多く、振り返って次につなげたいです」

コロナウイルスの感染拡大期、中学2年生だった山口さんは体調を崩して学校に通うことができなくなっていた。コロナで生活の流れがストップし、塾にも通えなくなって生活は一変。家にこもる日が増えた。登校しても教室には行かない「別室登校」も経験した。義務教育の中学に通えない自分に「なぜ？」と自問する日々が続いた。

進路を考える時には、全日制でフルに学校に通うには体力面に心配があった。通信制の高校であるN高は週に何日通うか選ぶことができることを知り、「週3日なら通えるかもしれない。頑張ってみよう」と入学を決めた。高校1年生の間は週3日通い、2年生からは週5日コースに変更して通学している。音楽部に入り、ライブの企画から運営に携わった。文化祭でも実行委員を務めるなど、キャンパスとネットを通じて全国に友達ができた。PBLでは上級のベータクラスに行けるよう努力を重ねた。

「N高は多様性にあふれています。自然に自分の好きなことをオープンにできるため居心地がいいのです。以前は漫画が好きだということを恥ずかしいと感じていましたが、今は「漫画が好き」と言う私を、皆が「そうなんだ」と受け入れてくれ、否定されない。N高で一人ひとり違う価値観があることに気づかされ、自分を素直に表現できるようになりました」

進路は大学進学を念頭に置き、不登校を経験したからこそ小中学校の教育がどうあるべきか学びたいと考えている。

N高横浜キャンパスのキャンパス長であり、メンターの長谷川翼さんは、元はテレビ局で報道に携わっていたことから、PBLでは関連する人にアポイントをとって取材するよう背中を押す。月に1回、20~30分ほど行われる面談では常に「将来はどうしたい?」「それはなぜ?」「その後はどうする?」と、とことん尋ねていく。生徒が東京大学や医学部に合格する成績であっても、「なぜ東大?」「なぜその学部に行きたい?」「なぜ医師になりたい?」と問いかける。それは、生徒自身が考えた末の目標かどうかを確かめるためだ。生徒が考えたことに対して、なぜかを問い、考えた過程を認める。あえてなぜと聞くことで、自分で考える力を引き出していく。

「なんとなく、とか、ふわっとした感覚で決めるのではいけない。知識だけを得ても自立する力はつかない。自分で考えて決めることが重要なのです。それを私たちが少し支えるだけで、生徒は自分の力で歩いていきます」

ある生徒は名門中学校に通っていたが、勉強だけしているような校風が合わなかった。ある生徒はファッションにひたむきで、ビジネスに関心を持ったことから自分でネイルアートの作品を作ってインターネット販売している。

「こういう生徒と同じ机で勉強できる環境がＮ高にあるのです。東大に進学する生徒もいれば、高卒で働く生徒もいる。多様な生徒が集まり、肩を並べる。相手を認め、大事にすることから、多様性が認められるようになる。多様な人がいなければ社会を知ることはできない。Ｎ高には２万人の仲間がいるのです。

社会が激変するなか、これまで信じられてきた「いい学校からいい会社へ」という「正規ルート」は成立しないのではないでしょうか。自分が何をしたいのか、社会がどう変化して自分がどうなっていくのか。考える力がより一層大事になってくると思うのです。社会をこうしたい、自分の人生をこうしたい。人生はいくらでも変えられる。挫折した経験があったとしても自分を見つめ直し、Ｎ高に入学した生徒が自立して学んでいる。社会のなかで生きていく力をつけ、自分の稼ぎで飯を食う。願うのは、それだけです」

生徒がバラエティにあふれていることは、メンターにとっても魅力的に映るのだろう。

一人ひとり違っていい

小学校や中学校が居場所にならなかった子どもたちが、Ｎ中等部やＮ高で居場所を見つけ、自分を取り戻している。今、教育現場では「早く、ちゃんとするように」と画一的になり、少しでも適応していないとその子は浮いた存在になってしまう。だから、学校が面白くなくなる。そうした「つまらない」が表面化したのが、不登校の増加ではないか。教室のなかで認められず、居場所を失っている子どもたちが増えているのだ。前述の奥平校長は続ける。

「子どもたちには、自分のしんどさを分かってくれる、放っておかないでくれる存在が必要です。義務教育の過程では、「皆と同じに」ではなく、「自分はこれができる」という思いが育つことが重要です。人と比べることから、いじめが始まっていくものです。一人ひとり違っていいよ。その考え方のベースを作るのが義務教育の学校の責任ではないでしょうか」

N中等部がオンライン授業を活用するのは、「世界中が教室」になり得るから。なにも授業を受けるのは教室でだけでなくていい。世界中が教室で、社会が教師だという発想だ。オンラインなら、へき地にいても東京にいる業界トップの人にも話が聞ける。スマホがあれば、子どもも大人も大差ない情報を得ることができる。これまでは「大人になったら分かる」「学校に行けば先生が教えてくれる」と言っていたものが、今や大人にならなくても、教員から教わらなくても情報に触れることができる時代に変わっている。

ひと昔前は教員が最も知識のある大人で、学校は面白いところだったかもしれない。今は、インターネットで何でも知ることができ、YouTubeを見ていくらでも情報を得ることができる。いつの間にか生徒の側の情報量が増えているのに、学校が変わっていない部分が大きくもあるのだ。「公立学校の校門はタイムスリップの入り口」と例える教育関係者もいる。

しかし、公立だからできないということは、本当はないはず。奥平校長が期待を込める。「高い塀で囲まれた学校で一斉授業を行って、『早く、ちゃんとできる集団を労働力として送り込む』という時代は終わりました。子どもたちが抱えてきた閉塞感を変える時が今、ようやく来ていると感じます。私立でも公立でも、教員の志ひとつで授業のスタイルを変えることはできるはず」

新しい私立校の挑戦

都内の私立中高一貫校であるドルトン東京学園では、学校全体として自ら学ぶ生徒の育成を中心とした学校運営に取り組む。ドルトン東京学園は２０１９年度に開校したばかり。「学校の真の使命は生徒を鋳型にはめることではない」「自由な環境を整えて学習することで内側から力をつけることができる」という教育理念から、学習者中心の教育を行う。

乳幼児を含め教育の分野では、テストなどで数値化することが難しい内面的な社会的スキルを指す「非認知能力」が注目されており、非認知能力を伸ばすといわれるＰＢＬ(プロジェクト学習)も急速に広がりを見せているが、安居長敏校長は指摘する。

「『非認知能力』が注目されていますが、『やらされ探究学習』『やらされ調べ学習』になってはいないでしょうか。教科学習を『認知能力』、教科外活動を『非認知能力』と考えがちですが、この２つはつながっています。２つを重ねてしまってはどうか」

同校の授業はPBLを中心にし、例えば、薬を8時間おきに服用するのはなぜかといった場合には血中濃度の変化を調べながら考える。時差を学ぶ時には、世界でWEB会議をするには何時にしたらいいかを考える。国語では、既存の物語の続きを考えて寸劇にするなど工夫を凝らす。教室に押し込んで授業を行うのではなく、学びの空間として図書館やフリースペースなど学内のいたるところを使用する。一か所に留まると思考が固まってしまいがちだということから、生徒が教室を移動する。

「学びをすべて自分事にするには自由と協働が必要だ」と、学校として細かく決められた校則はなく、生徒会もPTAもなく、生徒を縛らない。生徒会やPTAなどは、やりたい人が自主的に行う。一期生が立ち上げた生徒の自治組織「DSC」(Dalton Student Council)が生徒会の役目を果たす。制服は式典などの時には着用するが、生徒の多くが私服で登校する。自分の自由を尊重し、他者の自由を尊重する。人と違うことは当然のこと。ただ、その言動がふさわしいものか自分でよく考えることが求められる。

小テストや課題テスト、レポートなどの提出はあるが、授業ごとのチャイムや定期テストもない。テストを実施するよりも、勉強を「自分事」として調べて考えて文章にしたり意見をまとめたりして、他者と共有する。教員は、その過程で生徒が得た気づきや気持ちの変化を見る。その子が学んでどう変容したかで、非認知能力を見ることができるとしている。

「能力とは、学力とは、そもそも伸ばさなければならないものなのでしょうか。学校の意識が「皆を伸ばす」となると、子どもたちに似たような結果を求めるようになっていきます。大学の合格実績や偏差値などの数字ではない。学力とは学ぶ力、生きる力をつけること。非認知能力を身につけさせようと強制した途端、それは非認知能力ではなくなり、認知能力と同じものとなるのです」

運営母体である河合塾は「汝、自らを求めよ」を塾訓としており、ドルトン東京学園も生徒が「ありたい自分、あるべき自分を究め、学び続ける人」となることを目指している。学びが自由であり、他者と新しいものを作り出すという「自由と協働」を重要視している。教員が教えるのではなく、生徒が何を学ぶかを考え教員がサポートする。

生徒は２０２４年４月時点で６１９人。常勤の教員は68人いて教員一人当たりの生徒数は9.1人と手厚い。外国人の教員は10人在籍していて、教員の約15%を占める。教員のゆとりを確保するため、授業は少人数のグループ学習である「ラボラトリー」の時間を含め週18コマとしている。教員の勤務時間は8時から18時まで。土日は休みとなる。夏休みも一定の期間以外は学校を閉めて、教員の休みを確保する。補習は極力行わない。教員がメリハリある働き方をしなければ、いい授業はできない。休みの日にどこかに出かけ、誰かと会う経験が豊かな授業を支えるという考えからだ。

高校の授業科目は必履修を除き選択制をとっている。授業の空きコマがある場合、生徒は学校内で自分に必要な学びを自分が決めて行う。デッサンをしたり、ピアノを弾いたり、ドラムの練習をしたりする生徒もいる。一般的には大学受験を意識して中高一貫校を受験するかもしれないが、ドルトンでは大学受験の合格実績を目標に置いていない。

「大学受験の準備のための10代を過ごすのでいいのでしょうか。大学に入学すれば、次に待っているのは就職活動の準備なのでしょう。これでは子どもたちは準備のために二十歳までの20年を費やし、一生、何かの準備をし続けることになる。受験という1本のレールの上を休まず走り続ける。そのレールは前に進んでいるのではなく、後ろに向いているかもしれない。それに薄々気づいていても、日本には受験以外の理想のモデルがないから踏み込めない。受験というレールに疑問を感じるところです。だから大学入試をゴールにしない。ドルトンでは中高の6年間は今やりたいことに没頭することを大切にします。大学の準備期間ではなく、「今」を大事にするのです。だからこそ、生徒は自分で自分の未来を描いていける。大人が子どもを鋳型にはめてはいけない。規格化された教育ではいけないのです」

工業高校で道を見出す

もし小学校や中学校のなかで学ぶ自由や楽しさを経験できなかったとしても、その先の教育でいくらでもやり直しはきく。より具体的に働くことがイメージできて初めて勉強が好きになっていくこともある。日本の原点でもある、もの作りの現場に人材を輩出する工業高校で夢や目標を持って輝く子どもたちが多く存在する。都市部で過熱する中学受験の先にある、いわゆる「いい大学に入っていい会社に就職」というレールが必ずしもすべてではないことが、工業高校生の姿から分かる。

製造現場や建築現場の人手不足を背景に、一般的な大学に進学してから就職するよりも工業高校を卒業して大手企業に入社するチャンスが目立って増えている。高校生全体の求人倍率は２０２２年度で3・49倍だが、全国工業高等学校長協会の調査では全国の工業高校の求人倍率は２０２２年度で20・6倍。工業高校の内定率は２０２４年３月末で99・２％と、企業から引く手あまたの状況だ。

平均すれば高卒と大卒の収入には一定の差は生じるものの、高卒の初任給は上がる傾向にあり、大卒より好待遇であるケースもあるという。厚生労働省の「賃金構造基本統計調査」（２０２３年）から、決まって支給される給与と賞与の合計を年収として見てみる。高卒の「製造業」は年収４３２万円で、大卒の「宿泊・飲食サービス業」は年収４２１万円となっており、働く業界や職種によっては高卒の年収が高い場合がある。

工業高校は少人数制で実習を重ねるため、技術が身につきやすく、教員とのコミュニケーションが密になる。たとえ高校入学前に挫折した経験があったとしても、工業高校でもの作りに魅力を感じて実技を積み重ねるなかで自信をつけ、学びに楽しさや生きがいを見つけて、真剣に就職を考えるようになっていく。工業高校の生徒の６割が何らかの国家資格を取得し、合格率30％以下の国家資格試験に合格して卒業する生徒も多数いる（全国工業高等学校長協会）。

本格的な技術は企業に入社してから学ぶことになるが、どの工業高校にも１台数千万円もする機械があり、本物の機械に触れた経験があるかどうかは進路に与える影響が大きい。工業高校を卒業している教員が多く、生徒の気持ちを理解しやすい。少人数制で教員と生徒との関係が深まるため、企業選びの際にも適性などもつかみやすい。

文部科学省によれば、工業科のある高校は全国に517校ある(2023年5月現在)。各校、自動車、電気、建築、デザイン、情報処理などの特色がある。東京都は2023年度から工業高校を工科高校に名称変更して、教育の充実や魅力の発信に注力している。

例えば、都内唯一の単位制の工業高校である都立六郷工科高等学校は、機械技術を柱として製品を生産するために必要な基礎を学ぶ「プロダクト工学科」、自動車をテーマに工業技術を学ぶ「オートモビル工学科」、電気システムやコンピュータシステムを学ぶ「システム工学科」、ポスターやパンフレットの制作、工業製品のデザインを学ぶ「デザイン工学科」、学校と企業が連携してもの作りの職業人を目指す「デュアルシステム科」の5つの学科がある。2024年度の入学者までは入学前に科を選んでいたが、2025年度には「ものづくり工学科」が新設されて1年生のうちに総合的に各科を学び、2年生から専門を選択するようになる。

デュアルシステム科は20年前に日本で初めて都内で設置され、企業と連携してインターンシップや長期職業訓練を行っている。また、オートモビル工学科は都内でも数少なく、同校は「第一種自動車整備士養成施設」の認証を受けているため、特定の科目を履修すれば「3級自動車整備士」の試験で実技試験が免除される。自動車整備士だけでなく、機械加工(普通旋盤)技能士、電気工事士を取得する、グラフィックデザイン検定や情報技術検定をとる、フォークリフト特別教育や高所作業車運転特別教育を受ける生徒もいる。

六郷工科高校では2023年度の卒業生100人のうち約半数が就職し、約半数が進学した。就職先はトヨタ自動車、東日本旅客鉄道、関電工などの大手も名を連ねる。23年度は就職希望者の約50人に対して求人が2500〜3000件あり、2024年度は3500件の求人が来る見込みだ。

デュアルシステム科では280社ある提携企業のなかから企業を選び、2〜3年生の前期と後期で1か月ずつ実習を行う。地元・大田区は、もの作りの街。国内トップクラスの技術を誇る中小零細企業が多く、そうした企業の存在を知る良い機会となる。同科の半数以上が実習を経て地元の中小企業に就職している。1か月も社員と共に働くと、仕事の内容だけでなく人間関係なども見えてくるため、ミスマッチが起こりにくくなる。

(上)金属を加工する実習風景
(下)東京都立六郷工科高等学校

六郷工科高校の釼持利治《けんもちとしはる》校長は、「たとえ中学時代に勉強が苦手でも、工科高校に入って変わる生徒が多い。もの作りの楽しさに触れ、実習を積み重ねるなかで自信をつけ、学びに楽しさを感じるのです。真剣に就職を考え、仕事が生きがいになっていく。学力と技能は必ずしもイコールではありません。図面通りに製品を作ることができるよう、意欲的に挑戦できるかどうか。そうしたヒューマンスキルを高校の3年間で育てていきたい」と語る。

全国的に工業高校生は6割が就職し、4割が進学していく。国家資格の取得を積極的に勧め、なかには社会人でも合格率の低い資格を取る生徒もいる。実習を少人数で行うなど教員と生徒のコミュニケーションが密となるため、進路指導でミスマッチが起きにくく、就職先での定着度が高い傾向にある。2020年度のデータでは、卒後3年以内の離職率は高卒全体が39・5%であるのに対して工業高校生は16・3%と低い(全国工業高等学校長協会調べ)。

通常、高校生向けの求人は「全国への高校への公開可」とあるのが、工業高校生の人気の高さから「全国への高校への公開が不可」となっている特別な求人もある。地方の有名企業が東京の工科高校生をリクルートする傾向も強まっている。高校の普通科を卒業して製造業で働く社員から「中学生の時に工業高校のことをよく知らなかった。もし知っていれば、工業高校に入っていたはず」という声が多く寄せられている。工業高校では、本物の高価な機械を使って金属を削るなどの実習を行う。生徒たちは自ら放課後に残ってまでして練習しながら成功体験を積み重ね、自信を持って社会に出ていく。

全国工業高等学校長協会の調査では、2023年度、全国の工業系高校から理工科系の国公立大学に684人が、理工系の私立大に6438人が進学している。国公立大では積極的に総合型選抜(A

O入試）や学校推薦型選抜（推薦入試）で工業高校生を受け入れている。大学入試の全体的な傾向として、総合型選抜や学校推薦型選抜にシフトしているが、高校生活で何を取り組んだかを聞かれたとしても、工業高校生は実習やインターンなどの経験が豊富で話題に事欠かないという。工業高校の魅力や可能性について、全国工業高等学校長協会の福田健昌《ふくだけんしょう》前理事長は、こう話した。

「もの作りが好きであれば、たとえ手先が不器用でも道はあります。ものは作るだけでなく、直す仕事も、壊す仕事もある。色を塗る、設計する、プログラムを作るなど、職種はさまざま。どこに自分の適性があるか分かりません。もの作りには広い可能性があるのです。子どもの頃に折り紙を折ったり、工作したり。皆、もの作りが好きなはず。小学校で図画工作の授業時数が減り、中学校でも美術や技術・家庭の授業数が削られる。もの作りの機会が減り工業高校の進学希望者が少なくなるのは、その影響が小さくありません。しかし、公立高校が公教育として社会から求められる人材を育成し輩出していく意義は大きい。社会に出る近道が、ここにあります。その道は何本もあって、自分で道を決められるのが工業・工科高校なのです」

　中学受験が過熱すると高校まで一貫校であることがほとんど。工業高校を受験する選択肢が最初からなくなることを意味するが、工業高校のもつ可能性も視野に入れてもいいのではないだろうか。小学校や中学校の教員が工業高校について知る機会があればまた、子どもたちの未来が変わる可能性がある。

　前述した六郷工科高校では、小学生の学校見学を積極的に受け入れている。前校長でもある福田健昌さんは取材当時、「小学生のうちから工業高校の存在を知ってほしい。小学5年生が社会で自動車産業を学ぶタイミングで見学に来てくれることが多い。実践で学び、企業や工場に実習に行くと、その仕事が社会にどう貢献しているか実感することができます。本物の機械に触れ、大人が働く姿を尊敬する。社会から学びスイッチが入ると、今まで苦手だった英語やプログラミングなどを必死で勉強するようになる」と話した。

2023年11月、大田区内の公立小学校の5年生が六郷工科高校を見学するところを取材した。朝8時40分、大型バス2台で子どもたちが到着すると、「おはようございます！　よろしくお願いしまーす！」と大きな声で挨拶をしながら5年生らが続々と校舎に入っていった。何班かに分かれ、オートモビル工学科の自動車整備の実習室を訪れた児童たちは、車のエンジンを覗きこんでは「うわー」、車体の下の部分を見ては「すげー」と歓声をあげた。案内役の教員が車体に塗装するためのスプレーを「やりたい人？」と聞くと、「はい！」「はい！」と次々に手が上がった。プロダクト工学科の実習室では、レーザー加工できる大型の機械を夢中になって覗き込む。電気機器実習室でも、モーターの仕組みについて説明を受けると児童は積極的に質問する。デザイン工学科で掲示されているポスターはプロさながら。児童は「これ、本当に(学生が)書いたの？」と驚きを隠せない。前述の福田さんは「大卒で社会人になった人でも、工業高校のことを知ると入り直したいと言うことが少なくないのです」と言う。

六郷工科高校で行われた中学生向けの学校説明会を訪ねると、高校3年生の生徒が各科の説明や学校生活について話した。説明会が終わろうとした時、就職の内定を得ている男子生徒が「どうしても伝えたい！」と言って、再登場した。

「中学3年生の時の成績が1と2ばかりでしたが、六郷工科に入ってからやりたいことが見つかりました。努力すれば就職することができます。たとえ中学で成績が悪くてもあきらめず、やりたいことの努力を続けてほしいと思います。この3年間、委員会活動や部活を続けたことも大きかったです。高校1年生の時は人前で話せなかったけど、デュアルシステム科で企業の実習にいき、重役の前でプレゼンを行い、度胸がつきました」

そう話した男子生徒の表情はとても晴れやかで、しっかりと前を向いていた。

東京都は小学校や中学校で力を発揮できなかった生徒が、都立高校で学び直しをすることができる制度として6校の「エンカレッジスクール」を設けている。中野工科高校は東京都からエンカレッジスクールの指定を受けているため、同制度を使うことで学力検査でない方法で入学できる。同校は2024年度からは食品工業に特化。企業が使うのと同じ、匂いや味を分析する装置なども使って授業を進めている。食品といっても幅広く、梱包、ラベル、デザインも必要。その工程を学ぶため、学校で独自にレトルトカレー、ミートソース、缶詰などを作っている。食品はもちろん、缶詰の製造からすべて行う。食品から栄養士や調理師の資格を取ろうとする生徒もいれば、高齢者や児童福祉の分野に進む生徒もいて将来の選択肢のすそ野が広い。

同校の守屋《もりや》文俊《ふみとし》校長は全国工業高等学校長協会の理事長を務め、工業高校の意義についてこう語る。

「日本の産業はもの作りで発展してきました。これからまた原点回帰の時代がやってきて、工業高校の存在が必要とされるはず。私たちは生徒をしっかり伸ばして社会に送り出していく。工業に楽しさを見出し、将来の目標を見つけた生徒の多くが力を伸ばしていきます。学校はいかに生徒が夢中になれるものを見つけられるか、その仕掛けをしていく。生徒に何が必要かを見極め、楽しく勉強する。工業の楽しさを教えることが最も重要で、生徒の可能性を引き出すことにつながります。工業高校は、もの作りの根幹を担う人材を育成し続けます。生徒の活躍をみてほしい」

都道府県立の工業高校は公教育だからこそ、日本の社会に必要な工業分野の人材を輩出している。学ぶ楽しさをいかに教えることができるか。公教育に求められることのヒントが工業高校にありそうだ。

公立でも柔軟な教育は実現できる

前述したようにN中等部・N高の創設に携わった奥村氏は、「私立でも公立でも、教員の志ひとつで授業のスタイルを変えることはできるはず」としており、それを実践する教員がいる。

「一律一斉の授業が子どもにとってどうなのか。違った方法があるのではないかと模索中です。少なくとも、子どもたちがやらされるのではなく、どうしたら楽しいかを考えて、できる工夫をしたい」

そう話すのは、逗子市立久木《ひさぎ》小学校教諭の大窪昌哉《おおくぼまさや》さんだ（取材当時。2024年度から葉山町立上山口小学校に赴任）。学校のなかに自由度があったほうがいいと考えるようになった大きなきっかけは、新型コロナウイルスの感染拡大で学校が休校になった時だった。授業の日数が減り、教える内容をこなすことに主眼が置かれてしまう。子どもの「楽しい」「やりたい」という気持ちが軽んじられてしまうことに危機感があった。

（上）逗子市立久木小学校教諭の大窪昌哉先生（取材当時）
（下）「卵殻企画」で作ったプランター

自身の子どもが朝顔を育てるプラスチックのプランターを小学校から持ち帰ると、置き場にも処分にも困った。それは保護者も同じだった。1年生の担任になった時に、何かできないか考えた。教材業者に廃棄しやすいものか、環境に優しいものはないか相談すると、教材ではなかったが、卵の殻を使ったコンパクトな袋状のものがあることを知った。支柱やトレーも天然の素材を使うことができれば、大幅な脱プラスチックになる。「やってみたい」と思った大窪さんは、同学年の他の教員に相談し、エコプランターへの切り替えの賛同を得て、「卵殻《たまから》企画」がスタートした。

ＰＴＡの積極的な協力を得て話し合いを進めると、地域には放置され荒れた竹林を整備するボランティア団体があることを知った。保護者の働きかけもあり、ボランティア団体から竹をもらうことができて、支柱の材料が手に入った。その際、児童だけでなく、保護者や他の学年の教員も手をあげ、一緒にリヤカーを引いて向かい、１年生１００人分、５００本の支柱用の竹を載せて帰った。保護者たちとのミーティングでは、皆が「じゃあ、次は何をやりましょうか！」と高揚する気分を味わっていた。

生活科の授業時間を使ってプランター作りを行った。保護者30人のほか、地域の高齢者がボランティアとして参加。支柱作りは、クラス単位で。決して効率よくはせず、流れ作業にもしない。お祭りのような雰囲気でにぎやかにしよう。竹を四隅に立てて、横につないで支柱を作る。誰がどの子をみるというのではなく、大人が「おーい、終わってない子、一緒にやるよー！」と声をかけ、ゆるやかなつながりを持つ。

その2時間の間、保護者は雑談しながら、和気あいあいとした雰囲気で過ごした。なかには途中で飽きて木登りを始める児童もいて、本来はそれが自然な姿。叱るのではなく、「せめて自分のはやろうよ」と言うくらいの余裕が大人にあるため、子どもたちは「ああ、楽しかったー」と口々に言った。大窪さんは「このわくわくとか、楽しいという気持ちが真ん中にあるとサステイナブルになり、活動を続ける原動力になる」と自身も目を輝かす。環境を守りましょうという義務感だけでは、大人も子どもも続かない。そして、環境にいいことはひと手間かかること。ちょっと面倒くさいと思うこともあることを、ありのまま児童に伝える。

竹をもらいに行く時、５〜６年生の「美化委員会」の児童にも声をかけると、何人かの児童が立候補して参加した。１年生では竹を上手くハサミで切ることができないため、高学年が作業を手伝った。低学年と高学年のつながりができ、１年生はやがてこのことを思い出して自分が高学年になった時に面倒をみる気持ちが芽生えるかもしれない。教員が言わなくても、自然に一緒に行ってくれるようになるのではないか。大窪さんには、そんな期待もあった。

「子どものためにと大きく打ち出さなくても、教員と保護者が学校で何かを楽しそうにしていたら、その様子が気になった子どもが「何してるのー？」と自然に集まってくるのが理想です」

コロナ禍のなかでも、支柱作りのような外でできる活動は行いやすかった。懇談会ではなく、一緒に何かをする、ということが信頼関係や仲間意識を築きやすい。地域とのつながりも自然とできる。地域の目があり、ちょっと声をかけてもらえる大人がいる。学校と地域の垣根がなくなることは、子どもにとっても地域にとっても財産となる。

「教員はジェネレーターであるべきだと思うのです」と話す大窪さんは大切にするのは、誰かに何かをさせるのではなく、一緒に作る、一緒にわくわくの中に入ることを意識すること。現場でファシリテート(促進)しながら自らも参加する「ジェネレーター」であることを大切にしている。

大窪さんは「学級崩壊」「不登校」という言葉で子どもの状況を表すことに抵抗感がある。大人の想定と異なるだけであって、そもそも作られた学校に皆が合うはずがない。すべて一律一斉に授業を進めるのではなく、クラスのなかで子どもたちが自ら選択できて、自己決定できる場があると良い。その一つが「卵殻」の支柱作りでもあった。

「教員はカリキュラムを終わらせなければと、頭のなかのどこかにあるものです。けれど、その子の姿を認められるかどうかは、私たちの意識ひとつで変わると思うのです」

前年度は、6年生の担任だった。保護者面談である母親が「自分の子どもに何で勉強しないといけないのか聞かれて言葉に詰まった」と悩んでいたことを聞き、大窪さんはヒントを得た。なぜ、学校に来るのか。なぜ、学ぶのか。素朴な問いにどう答えたらいいのかは、大人にも難しい。答えは一つではない。そして、大人が与えた答えでは、それがレールになってしまう。子どもたちが考えなければいけない。

クラスで「哲学タイム」を作り、「自律した学習者って何？」という問いをたてて、皆で話し合った。自分で答えを探すきっかけを作るのが教員の役割ではないか。考えること自体を押し付けないよう、話し合いたい児童の約10人が円卓に集まり、その周りで他の児童が傍聴するスタイルをとった。それをクラスで「ドーナツ対話」と呼んだ。そのドーナツ対話のなかで「自分で学ばなきゃ」という意見が出れば、「次回はそれを話し合ってみよう」というように続いた。大窪さんは、こう話す。

「自分たちで考える。考えたことを認めてもらえる。その安心感があると、子どもたちは「何をすればいいんですか」とか「何をしていいですか」と聞かずに、自分たちで考えて行動するようになります。行事の時に何かを作るような時も「えー」と嫌がるのではなく、「おー、やったろうー!」に変わりました。教員の側に、待つ余裕、失敗できる余裕があることが必要なのかもしれません」

子どもが活き活きと過ごすことができる教育現場に共通するのは、当然ながら、子どもが抑圧されることなく「自分が大切されている」と思えることなのだろう。

夢みる校長先生

自分のままでいい、人と違っていい――。

そうしたメッセージを強く打ち出したドキュメンタリー映画『夢みる小学校』(オオタヴィン監督)が2021年に公開されると話題を呼び、全国各地で自主上映も行われている。

『夢みる小学校』では、学校法人きのくに子どもの村学園(山梨県南アルプス市)が運営する南アルプス子どもの村小学校が紹介されている。同小学校では、一般的な時間割ではなく、自然が豊かな環境で料理や木工などの体験を通して子どもたちが学んでいる。映画の中では他の公立学校の事例も紹介されており、60年以上前から通知表がなく「総合学習」を続ける伊那市立伊那小学校、校則や定期テストを廃止した世田谷区立桜丘中学校の取り組みなども描かれている。

そして2023年、夢みるシリーズの第二弾の映画『夢みる校長先生』(同監督)が公開された。〝ふつうの公立学校〟で「子どもファーストな学校改革」に取り組む9人の校長が登場する。

両方の映画で取り上げられた世田谷区立桜丘中学校では、2016年度にすべての校則がなくなり、2019年度に定期テストが廃止された。授業開始と終了のチャイムがなくなり、宿題もなくなった。服装も髪型も自由で、授業中に昼寝をするのも、廊下で勉強するのも自由。何時に登校しても構わず、「遅刻」とされない。

西郷孝彦さん(本人提供写真)

2010~20年度にかけて校長として「校則なし」などを実現した西郷孝彦さん(1954年生まれ)は、「公立学校であっても変えられる」と断言する。

桜丘中学校がある世田谷区は中学受験による進学が約4割を占め、都内の市区町村のなかで受験進学率が7番目に高い(2023年度)。つまり、私立中学などに進学する約4割の子どもが地元の公立中学から抜けていってしまうことになる。西郷さんは「私立に負けない公立中学を作りたかった」と振り返る。赴任した当初、学校の評判は決していいほうではなかったという。私立中学受験のため小学生時代に難しい勉強をしていた子どもたち。受験のストレスやイライラを引きずって公立中学校に入学する生徒は少なくなく、学級崩壊と言ってもいい状態だった。受験とは別に、小学校で「皆と同じにできない子はダメな子」という扱いを受けてきたことで、いじめも起こる。だから教員は大きな声で厳しく指導するという、悪循環に陥っていた。

「これでは学校で子どもたちが幸せな時間を過ごすことはできない。生徒より上に立ちたいと威張っている教員はハラスメントを行っているのと同じ。教員が大きな声を出して威圧的な態度をとるのは、「子どもは管理するもので、教員は指示するもの」という悪しき「学校文化」があるから。それを変える必要がある」

西郷さんは、教員にとっての「指導しなければならない」という思い込みをなくしていった。ルールがあれば教員はそれを守らせようとする。だったら、そのルールを取り払おう。例えば、朝礼では校長の話を静かに聞くという暗黙のルールがある。それを「校長が話をしている時に子どもたちが騒げば、それは校長の話がつまらないから。だから教員は生徒を注意しなくていい」とした。なぜ朝礼で騒いではいけないのか、子どもたちが自分で考えることが重要だという思いも背後にはある。

桜丘中学校にも、中学校特有の「靴下は白、セーターは紺」という決まりがあった。しかし、突き詰めて考えると靴下が白でなければならない理由は乏しい。セーターの色が黄色などだと教員は「派手だ」注意するが、そもそもなぜ派手ではいけないのか。中学生らしさとは何か、地味であることが中学生らしいのか。中学生の年齢になって他者の視線を気にしてお洒落をすることの何がいけないのか。「地味な中学生」は自分を抑圧しているのではないか。西郷さんが教員に投げかけてみても、校則にするほどの理由がなかった。こうして少しずつルールをなくしていくと、教員も「注意しなければならない」ストレスから解放された。

授業中に昼寝したとしても、少し眠ったほうがかえって効率が良くなる。教室に入ることのできない生徒の気持ちが落ち着くなら、廊下で授業を受けたっていい。自由を認めるということは、一人ひとりの違いを尊重するということ。

こうしたルールの決定権は校長にある。学校の運営や管理は、都道府県と市町村の教育委員会、校長それぞれに法令によって権限が与えられている。学校教育法の第37条4項によって校長は校務をつかさどり、所属職員を監督すると定められている。校長に権限があるものとして、校舎の管理(根拠法令は教育委員会規則)、予算の執行(財務規則)、教育課程の修了・卒業の認定(学校教育法施行規則、学校管理規則)、出席状況の把握・出席簿の作成・全課程修了者の通知(学校教育法施行令、学校教育法施行規則)、児童・生徒の懲戒(学校教育法、学校教育法施行規則)などがある。だからこそ、校長の判断で登校時間によって遅刻にしない、校則をなくすなどの実現が可能なのだ。

「すべての子どもたちが3年間を楽しく過ごせるにはどうしたらいいか。抑えつけられていた本来の自分を取り戻すことが重要です。学校が目標とすべきは、生徒が「自分」を取り戻し、「素」の自分に戻ることです。思いのままの自分を表現できることが、その子どもにとって最も輝ける瞬間となる。それを促すことが、教育に携わる者の仕事なのです。そして教員も教員である前にひとりの大人であって、ひとりの人間です。素の自分で子どもたちにぶつかっていくと、子どもたちは人間としての魅力を見つけて寄っていくものです。そこで教員が子どもたちから助けられる場面は多い」というのが西郷さんの考えだ。

自分のコアな部分は何なのか。教員はこうあるべきという鎧《よろい》を脱いでどうしたら自分が自由になれるかを考え、素の自分になる。教員も素の自分でいられれば気持ちが楽になる。授業が面白いにこしたことはないが、授業よりも人柄が大事。生徒は信頼できる好きな教員のために勉強も頑張るものだという。

子どもたちが幸せでいるかどうか

ところが今、多くの公立小学校には「〇〇小学校スタンダード」「授業スタンダード」などと称して、学校の決まりが「スタンダード」という言葉のもとで広がっている。

都内のある公立小学校がホームページで公開している「スタンダード」を見ると、「学習スタンダード」「生活スタンダード」「給食スタンダード」「清掃スタンダード」「宿題・家庭学習スタンダード」に分かれ、それぞれ細かなルールが記されている。

「学習スタンダード」では、「教員の指示か当番の児童が号令をかけて授業の始まりと終わりを明確にする」から始まり、「いすの正座をしましょう」〈姿勢チェック〉「これから〇時間目の〇〇の学習を始めます」〈全員で「はい」〉「礼」、「礼」の後は「よろしくお願いします」といった具合で1日の流れに沿って続いていく。同校の「清掃スタンダード」を見ると、ほうきの使い方が書かれ、「ほうきの向きを確認し、ほうきの穂先が全部床に着くようにし、利き手で正しく持つ」など手順が細かく指示されている。こうした「スタンダード」に対して、西郷さんは危機感を抱く。

「これは実質的には校則のことですが、「校則だ」というと〝ブラックだ〟と言われかねないから「スタンダード」という言葉を使っているに過ぎません。細かすぎるルールに子どもが参ってしまう。小学校で広がる「スタンダード」は、何も考えない子どもにしていくだけ。細かくルールを決めるほど子どもは考えなくなります。それで基礎を応用する力がつくはずがない。ルールでも何でも、本人が考えて決めるほうが自分で考えるようになり、他者との議論が活発になっていきます。それは考える訓練につながり、おのずと学力も上がるものです」

そして西郷さんは「小学校で軍隊のように子どもを従わせることはやめてほしい。校則は子どもを無気力にするだけ。校則よりも、教員と生徒の信頼関係が大事なのです」と強調する。管理されて小学生時代を過ごした子どもたちは、「これを言えば怒られる、これを言えば褒められる」と教員の顔色をうかがい、自分の意思をなくしている。そうした子どもの〝巻き戻し〟には時間がかかるという。

「子どもの心を戻していくのには、早くても半年、長ければ1年半を要します。大人の目ばかり気にした子どもは、そうマインドセットされてしまう。まるでロボットのような子どもを前に、教員はやりがいを失ってしまう」

だからこそ、西郷さんは「大切なのは、常に子どもたちが幸せでいるかどうかを考えること。それを実現するために、理想の学校を作りたいと思う人は積極的に校長になって、学校を変えていけばいいのです」と説く。前述したように、校則をなくす、登校時間が何時でも遅刻としないなどのルール作りの決定権は校長にあるからだ。

「一人ひとりが幸せになること。他人からどう見られてもいい、私の人生だ。自分の人生をどう生きるか、人にとやかく言われる必要はないのです。子どもの幸福のために何が必要か。人の言いなりになる人生か、好きに生きる人生か。死ぬ時に、好きなことができて、ああ、面白かった。そう思えるよう、幸福の追求をする。インターネットや家ではできない、皆と何かを作るような体験をする場が学校で、学校でしかできないこと、楽しいことがあれば、その学校に存在価値があるのです」

子どもにとっての幸せが何かを見据えた学校で、子どもたちが楽しく過ごす。個々の現場の奮闘が広がることを期待したい。

終章

子どもが子どもらしくあるために

いわゆる「いい学校、いい会社」を目指した早期教育によって訓練され、大人から期待された答えを子どもたちが言えるようになっていく。こうした現象が、子どもの「遊び」にも侵襲している。小学生が、子どもが子どもらしく何かに夢中になる。そのような当たり前のことが難しくなっているのは学校の中だけではない。子どもにとっての「Well Being（幸福であること）」は、大人が考えるものとは違うのかもしれない。

仕事モード、親モード

「ついつい、「遊んでないで勉強しなさい。時間の無駄でしょ」と言ってしまうんです。自分が仕事と家事に追われて時間管理をしていることを子どもにも求めて、それができない子どもに怒っている」

ある地方に住む内田美緒さん(仮名)は、小学校高学年の息子が家でリラックスしていると「ダラダラしている」と思えて眉間にしわが寄ってしまう。息子が宿題やドリルをしていないと安心できない。息子は週3日の塾にスイミング、英会話と習い事詰めになっている。息子の顔を見れば「塾はどう?」「宿題やったの?」としか言っていない。息子がやる気がなさそうな雰囲気を醸し出すと「勉強しないなら、ゲームもテレビも動画を見るのも禁止ね」ときつく言って従わせてしまう。いつしか息子は何の文句も言わずに机に向かうようになった。

美緒さんが「子どもにレールを敷いて勉強させ、そこを真っすぐに進んでほしいと思うのは、ただ自分が安心したいだけ」と気づいたのは、息子が日々スケジュールをこなす姿と自分の働く姿が重なって見えたからだ。2008年のリーマンショックで就職が困難ななか、美緒さんは地元の中堅企業で営業職として働くことになった。まだ「寿退社」という風習が残る地域のなかで、結婚しても働き続けたが、妊娠が分かると「うちはいったん辞めてもらう」とあっさり退職に追い込まれた。産後しばらくしてからは派遣社員やパートの職しか得られず、いつ職を失うか分からない緊張感のなか、経理や営業事務の仕事で最大限の結果を残せるよう自己研鑽《けんさん》に励んでいる。その経験から「子どもにきっちりレールを歩いてもらって、失敗しないでほしい」と勉強させることばかりに目が向いてしまう。

夫は長時間労働で家事も育児も美緒さん任せ。ワンオペ育児に近い状態で仕事、家事、子どもの勉強の管理で頭がいっぱいだ。美緒さんはいつも努力していることが当たり前の状態で気分が高揚しているため、ゆったりした「子どもの時間」が異次元の世界になってしまっているのだ。

「頭のなかは常に仕事モード。家に帰ったからといって、子どものための親モードになれないのです。でも、自分と同じことを子どもに求めている自分に気づいた時、あれ？　何のために子どもって生きているんだろう。そう思ったのです」と美緒さんは話す。友人が産んだ生後間もない赤ちゃんに触れた時、「妊娠中は無事な出産を祈り、子どもが産まれた時は、ただただ嬉しかった。生きていてくれさえすればいいと思っていたのに、なんで今、私はこんなに息子にきつく当たっているんだろう」と思わずにいられなくなったのだ。そして、「ああ、もしかしたら私は勉強を強いることで、大切な子ども時間を奪っているのではないか」と思うようになった。子どもが子どもでいられる時間は限られているのに……。

子どもにも人権がある

大人が忘れがちなのは、子どもにも人権があり、意思を表明する権利があるということ。1989年11月20日、国連総会で「子どもの権利条約」(児童の権利に関する条約)が採択され、18歳未満の子どもは守られる対象であるだけでなく、権利をもつ主体であることが明確にされた。国は法律や施策などを通じて、条約に定められた子どもの権利の実現に努めることになる。

日本ユニセフ協会のホームページによれば、子どもは「弱くておとなから守られる存在」という考え方から、それだけではなくて、子どもも「ひとりの人間として人権(権利)をもっている」、つまり「権利の主体」だという考え方に大きく転換したのが子どもの権利条約となる。子どもの権利とは、子どもの人権と同じ意味で、子どもは生まれながらに人権(権利)をもっている。それは義務と引き換えに与えられるものではなく、また、何かをしないと取り上げられるものではないという。子どもの権利条約には、①差別の禁止、②子どもの最善の利益、③生命、生存および発達に対する権利、④子どもの意見の尊重、という4つの原則がある。

具体的には、①「差別の禁止」(差別のないこと)は、すべての子どもは、子ども自身や親の人種や国籍、性、意見、障がい、経済状況などどんな理由でも差別されず、条約の定めるすべての権利が保障される、②「子どもの最善の利益」(子どもにとって最もよいこと)は、子どもに関することが決められ、行われる時は、「その子どもにとって最もよいことは何か」を第一に考える、③「生命、生存および発達に対する権利」(命を守られ成長できること)は、すべての子どもの命が守られ、もって生まれた能力を十分に伸ばして成長できるよう、医療、教育、生活への支援などを受けることが保障される、④「子どもの意見の尊重」(子どもが意味のある参加ができること)は、子どもは自分に関係のある事柄について自由に意見を表すことができ、おとなはその意見を子どもの発達に応じて十分に考慮する——となる。

日本は1990年に「児童の権利に関する条約」に署名し、1994年に批准した。約30年を経た2022年6月、ようやく国内の法整備として「こども基本法」が成立。翌年4月、「こども家庭庁」が創設されるのと同時に同法は施行された。基本理念を、①すべての子どもは大切にされ、基本的な人権が守られ、差別されないこと、②すべての子どもは、大事に育てられ、生活が守られ、愛され、保護される権利が守られ、平等に教育を受けられること、③年齢や発達の程度により、自分に直接関係することに意見を言えたり、社会のさまざまな活動に参加できること、④すべての子どもは年齢や発達の程度に応じて、意見が尊重され、子どもの今とこれからにとって最もよいことが優先して考えられること、⑤子育ては家庭を基本としながら、そのサポートが十分に行われ、家庭で育つことが難しい子どもも、家庭と同様の環境が確保されること、⑥家庭や子育てに夢を持ち、喜びを感じられる社会をつくること——とした。

こども家庭庁は、こども基本法の施行を受けて、都道府県知事と指定都市市長に通知を出し、政策決定の過程で子どもや若者の意見を反映するよう求めた。自治体によっては「こども議会」を開催して、地域の子どもたちが子ども施策について意見を言える機会を設けている。大きな前進ではあるが、大人が期待する意見を「優秀な」子どもが言うことでポーズに終わりはしないか。そもそも、時代が変化するなかで、子どもが子どもらしくあるということがどういうことなのか、それ自体が忘れられてはいないだろうか。遊ぶことが禁じられがちな今、遊びとは何かを改めて考える必要がある時代になっている。

子どもが子どもでいられる遊びの場を

「小学生が学ぶことは、遊びのなかにあるものです。夢中になって遊ぶことを子どもたちは忘れている。子どもたちの遊びを受け入れ、地域の「共育力」を育むことが必要です。遊びは子どもの人権であって、生存権そのもの。子どもがしていることを「楽しいから、いいんじゃない」と言えるいい加減さが必要です。子どもが子どもであることこそが宝なのです」

ＮＰＯ法人「ふれあいの家　おばちゃんち」の理事である宮里和則さんは、そう断言する。もとは品川区の児童センターの職員だった宮里さんは現在、同ＮＰＯ法人が品川区から委託を受けて運営するプレイパーク「こども冒険ひろば」の総括プレイワーカーだ。プレイパークでは、子どもたちが自然のなかで泥んこになって水遊びをし、木に登り、たき火をするなど自由に遊べる場で、プレイワーカーが遊びを支えている。プレイパークで遊ぶのにも「こうしていい？」と宮里さんに聞く子どもに

「そんなの自分で決めろよぉ」と言うと、子どもたちは「えっ！ 自分で決めていいの？ 天国じゃん！」と驚いたという。

「社会の価値観によって子どもの価値観が変えられてしまった。大人に用意された遊び場に慣れてしまい、〝良い子〟はアンテナを張って、その場のルールを考えて、サービスの〝利用者〟なってしまう。その瞬間に遊ぶ場であっても自分の場所ではなくなり、与えられたものになるのです。本来、遊び場は「ある」ものではなく、「なる」もの。どこだって子どもがいれば遊び場になるのです」

少子化だということは、子どもの人数に対して大人がたくさんいるということ。宮里さんは「たくさん大人がいるのに、ほとんどの人が子どもを見ていない」と指摘する。遊んでいたら声をかけてくれる、おじちゃん、おばちゃん。近所の八百屋のおじさんが、今どこで誰が遊んでいるかを知っている。今は、親を含めて責任を持った大人が子どもに関わっているため、木に登って落ちてケガをすれば謝罪しなければならない。木から落ちてケガをしないようなルールを作ることになり、禁止されるばかり。木に登ることが悪いことになってしまう。しかし、木の上から見える風景は特別なもので、ずっと心に残る。子ども同士のケンカも、自分で相手に立ち向かうという社会行動のはじまり。

「せめて学校以外の場所で、子どもは自分が主人公になっていられる時間があってほしい。子どもが作り出す遊びは、周囲の大人がいい加減なくらいでなければ生まれないものです。ルールは互いが気持ちよく過ごすためにあるもの。学校は、「ルールだからやめて」といって責任を取らないためのルールにしてはいないか。ルールではなく、文化のなかで子どもを守る社会にすべきだ」

品川区内の公立小学校の行事で、泥だんごを作ったり転がしたりして競い合いながら遊ぶ「どろんこフェスティバル」のプログラム作成に宮里さんは携わった。泥んこ遊びをしている時の子どもたちの楽しそうな姿が日常的なものになるよう、放課後の校庭をプレイパークにできればと願った。それというのも、子どもたちは、泥んこ遊びはもちろん、外で遊ぶということが減っているからだ。

笹川スポーツ財団は、４〜11歳の運動・スポーツ実施頻度について調査している。同財団の「子ども・青少年のスポーツライフ・データ２０２３」から、「過去1年間にまったく運動・スポーツをしなかった「非実施群」や年1回以上週3回未満の「低頻度群」が２０１９年から23年の間で微増。非実施群は3.1％から3.4％へ、低頻度群は16・4％から18・6％に増加した。週7回以上の「高頻度群」は19年の45・5％から23年は43・3％へと低下した。設問の運動・スポーツには、おにごっこ、ドッジボール、ぶらんこ、なわとび、かけっこ、かくれんぼのほかに水泳(スイミング)も含まれることから、習い事としてのスポーツがカウントされる。外遊びをしなくなる影響について宮里さんは危惧する。

「チャンバラをしながら、あるいはドッジボールをしながら、どのくらい本気になると相手が泣いてしまうかを考えるものです。それを考えないで相手を泣かせてばかりいると、周囲の子どもから「やりすぎだ」と注意されて気づいていく。ここで共感能力が育まれていくのです。遊びはいい加減だから、相手のことを考えて手加減することを考えられるのです。全力で競技するようなスポーツでは、そうはいかない。小学校の校庭をプレイパークにしてしまっても良いのではないでしょうか。放課後の学童保育でも泥んこ遊びができるような環境があると良いのです」

経済格差で子どもの居場所が限られ、塾や習い事ばかりで遊ぶ人も遊ぶ場もない。それで本当の好奇心や知的欲求が満たされるのだろうか。何かに挑戦する時は、教員の顔色も親の顔色も見ない。成功も失敗も、いろいろなことが起こるのが人生なのだと遊びのなかで気づく。「遊びは子どもにとっての生存権」であると宮里さんは指摘している。子どもが子どもらしく、自分らしくいられる環境を大人が奪ってはいけない。

そのままの自分でいい

昭和大学大学院の副島賢和《そえじままさかず》准教授は、もとは公立学校の教員として昭和大学病院で長期入院中の子どもたちのための院内学級で教えてきた経験から、小学校などでの保護者向けの講演依頼も少なくない。ある公立小学校の講演では、このような話をした。

小学4年生の女の子が5歳から脳の手術を繰り返して、学校に来ても校庭で遊べずにいつも図書館にいた。だから言葉をたくさん知っていた。そんなことも知らず、その子が書いた詩が上手で褒めた。すると、女の子は「うん！　先生！　もし大人になれたら詩人になるの」と言ったという。

「その子は、もし、大人になれたらと言っていました。大人になることを当たり前だと思っていない子どもが目の前にいることに気づいて、正直、怖くなるとともに、そうした子どもたちと関わっていくのだと覚悟を持ったのです」

危ないからと過保護になれば、子どもは自分で動かなくなる。過干渉になれば、子どもは頭を使わなくなる。事前に嫌なことを取り払えば、不快な感情があることを知らずに育つ。子どもが思ったこと、泣いたことを「知らない！」で片づければ、自分の感情を訴えてもしかたないと子どもは学ぶ。テレビを見ていて、と放っておかれるのは、子どもにとって自分が忘れられる体験となる。喪失体験で否定的な自己イメージになっていく。

泣くな、怒るなと不快な感情を大人が力で抑え込めば、子どもはこの人に嫌われたら生きていけないと分かって言うことをきくようになる。でもそれは感情にふたをしただけ。つらかったことは突然フラッシュバックして暴れることもある。過去の感情が突然飛び越えてくるため、大人にその理由が理解できないだけ。

子どもに必要なのは自尊感情で、自分を大切にする気持ち。「Being」、自分は自分のままでいい。自分は愛されている、ということ。子どもたちの声に耳を傾け、子どもの声を聴く。大人は「言葉にしなさい」「理由を言いなさい」と言語化を求めてしまうが、それはノイズでしかない。言葉で言えなくても、サインやシグナルがあって、大人にメッセージを送っている。

入院生活が長い子は、「今」を失い、子どもでない状態を求められ、ある子は「あきらめないと生きていけないんだよ」と言った。「今」を生きる。子どもは、水たまりがあれば、バシャンと入り、アリがいればずっと見て、夕日を見て綺麗と感じる。それが子ども。そういう時にエネルギーがたまる。

「今を生きる子ども」を大切にし、受容する。間違ったことは許容せず、それをすれば最後に自分が傷つくと教えるのが大人の仕事ではないか。そして、「病気ではなくても心が傷ついている子どもがいる」と――。

都内の自治体が主催した講演では、副島氏は子どもが助けてと言える場の必要性について市民に語りかけた。

早く、もっと、次は、だから、泣くな、遅い、今のままではダメ、言った通りにしなさい、我慢しなさい――。これらの言葉が簡単に子どもの心を壊してしまう。

例えば、子どもが怒りの感情を露わにした時、その裏側には何かが、誰かが変わってほしいというような願いがある。どんな感情も大切で、その背後にある願いに気づいてあげられるかどうか。どんな感情を持ってもいいんだよと、話を聞く。自分を大切に思える、何かに挑戦する、未来に希望をもつ。それができるのが学校のはず。

学びと遊びが大事だが、特に遊びが重要だ。遊びのなかには、自分で選ぶ、自分で決める要素がある。自己選択と自己決定。遊びが子どもの自尊感情を育む。今を大切にすることがエネルギーをためる。子どもが子どもでいられるように、子どもを一人ぼっちにしないこと。一人ではないと伝えること。

自分をダメだと思っている子どもが「ま、いいか。こんな自分もありだよ」と思えるようにその子の感情を大切にしていくと「助けて」と言えるようになり、一人じゃないと未来に希望を持つことができるようになる。甘えることは大事なこと。自立するためには、親、先生、友人など甘えられる相手を増やす。助けてと言える場が必要だ。その一つが学校なのだと――。

副島さんは現在、病気を抱えて長期入院している子どもたちを教えているが、その子どもたちの状況は学校に通う子どもたちにも共通する。第1章に見られるような「学校がつまらない」という小学生の言葉から読み取れる子どもたちの拒絶は、きっと心の傷の現れ。丁寧な関わりのなかで教育が生まれるということを、改めて考えていかなければならない。

夢中になれる経験を持てるか

第2章で記したように、格差社会の定着が早期教育や中学受験を加速させたことで、子どもたちにまで自己責任論が蔓延しつつある。歴史を振り返れば、1872年(明治5年)に日本で最初の近代学校教育制度を定めて教育法令「学制」が発せられて約150年が経つ。小学校は150年の歴史を経て、進化しているのだろうか。

公立小学校は「つまらない枠組」に子どもと教員を押し込めてはいないか。第3章で小中一貫校のなかで起こっている問題を指摘したように、財政効率や何か教育改革をしなければならないという大人の都合から小中一貫校を作り、小学校高学年で中学スタイルを強いるなど発達段階に合わない早期教育を行うことが公教育の役割ではない。

憲法では、すべての国民はその能力に応じ、等しく教育を受ける権利があると保障している。そして学校教育法によって市町村には、必要な小学校、中学校を設置する義務があるが、ただ人口に合った学校を設置するのに留まってはいけないのではないだろうか。望んで私立中学に行くのではなく、小学校で公教育に期待できなくなるから私立へ、「いい会社」への就職を見通して私立へ、という流れを断ち切らなくては、格差社会や自己責任論を容認する風潮がますます強まりかねない。

一般的に「いい会社」といえば、大手や有名企業をイメージする人が多いだろう。いわゆる「いい会社」を目指して早期教育が激化することで公教育が崩壊する一因にもなっているが、その「いい会社」自体を疑問視しても良いのかもしれない。

キャリアデザインスクール「我究館《がきゅうかん》」では、「第一志望」の内定にこだわり、就職活動の支援を行う。ただエントリーシートや面接対策を行うのではなく、自己分析を深めて必要なスキルやメンタルをトレーニングする「コーチング」を特徴とする。「絶対に内定したい」と心から思える業界や企業が決まると納得いく成果が得られるという。「いい会社」とは、決して有名・一流企業だけではない。杉村貴子館長は「給与が高い、有名企業だということだけで決めてしまうと、早期離職につながりやすい。本当にやりたいこと、わくわくするかが重要です」と指摘する。心から納得いく就活は自分のなかに「解」がある。社会人になってから走り続けるためにまずは、自分の過去、現在、未来から自分を知る。自分を知る「我究」、社会を知る「社究」、伝える「挑戦」が納得する就職のために必要だという。

「過去に自分はどういうことにわくわくしたか、今はこれが好き、など「好きなこと」を振り返っていくと、そこには必ず理由があります。わくわくすることを忘れているだけかもしれない。過去を振り返って現在を見つめ、未来にどうつなげるか。自分の価値を最大限に伝えるには、今までがあって今の自分があり、これからどうしたいということが大事になります」(杉村館長)

また、我究館の吉田隼人エグゼクティブ・コーチはこう話す。

「大手企業に入社しても、成長している実感を持てない場合があります。給与が高くても、このまま人生が終わっていいのか疑問に思うことも。いわゆる「大手企業」が、9割の人にとって「いい会社」でも、自分にとってはどうなのか。中学、高校、大学と進んで、必ずやりたいことが見つかるわけではありません。大学名や属する学部に縛られなくていい。今、何に興味がある、何に夢中になれるのか。我究館では「努力は夢中に勝てない」と考えています。夢中になれることは、誰にでも1つか2つはあるものです。誰にでも輝く瞬間や何かに夢中になる瞬間があり、それを見つける。この自己分析は小学生でも大学生でも社会人になってからでもできます。たとえ10代、20代で失敗しても未来は変えられます。どうしたら明日が楽しくなるか。Well Being(幸福であること)が大事なのです」

今を生き、わが道をゆく

第3章で教育予算を追ったように、地方公共団体が公立学校に支出した経費「学校教育費」(大学・

短大を除く）のうち、小学校の人件費は２００９年の４兆３９９７億円から２０２１年は３兆９５５０億円に減っている。学校教育費に占める人件費の割合も同様に70・０％から65・８％に低下している。社会が人の集合体である以上、公教育のあり方は誰にとっても他人事ではない。

子どもたちに必要なのは「今を生きる」こと。それがやがて自分で歩くための脚力をつけ「わが道をゆく」ことにつながる。私たちは、子どもたちの「学校がつまらない」という現実を直視し、子どもたちが子どもらしく、自分らしくいることができる社会を取り戻さなければならない。今を大切に生きる。これは子どもたちだけでなく、大人にとっても希求すべきことではないだろうか。真の教育とは何か、改めて考える時がきている。それは、私たちが生きるとは何かを問うことでもあるのだろう。

おわりに

一人ひとりを大切にする保育園で働く保育士は、卒園児が入学する小学校が管理的だと「小学校で潰される」と落胆する。一人ひとりに丁寧な対応をする小学校で働く教員もまた、まるで軍隊のように従わされる中学校に子どもたちを送り出す時、「中学校で潰される」と嘆く。せっかくここまで育てたのに、と。多くの現場で先生たちが子どもたちと真剣に向き合っている。

公立小学校の教員が子どもたちを型にはめることで不登校になる子もいれば、私立の学校を選択するケースもある。たまたま住んでいた地域、たまたま異動してきた教員という、「運」で学校生活の質が決まってしまい、公教育を受ける権利が奪われている。

義務教育の期間の学力向上が自己責任とされ〝教育投資〟が行われる時、筆者が最も懸念するのは、まだ10歳前後の子どもたちが「みんなが遊んでいる時に、自分は好きなことを我慢して勉強した」と言い、やがて「頑張らずに遊んでいた人が困っても助ける必要はない」と思うようになることだ。格差を断ち切るのは質の高い公教育であるはずだが、教員不足が招く公教育の質の低下が格差を拡大再生産させようとする大きな過渡期にある。

冷静に考えれば、子どもは遊ぶもの。けれど大人に染みついているのは「遊んでないで勉強しなさい」、だ。それは、自身の焦りを子どもに投影してしまうからではないか。小学生の年齢の子をもつ親の多くは、格差社会の当事者だ。

教員の労働問題は教育の質に直結する。教員に余裕がないばかりに、「型にはめられない子」が排除されて子どもたちが傷つく。20代の頃から雇用問題をライフワークにして格差社会の問題を追ってきた筆者は、教育がもたらす格差の再生産のような実態にペンをとらずにはいられなかった。

子どもたちが発する「学校がつまらない」「学校に行きたくない」という言葉には、大人が作った環境をどう受け止めているかが集約されている。それに大人が気づくことができるか、試されていると感じた。教員も親も、子どもの周囲にいる大人自身が「今の自分」を好きでいられる環境にあれば、子どもへの見方も変わるのではないか。

筆者の報道スタンスは、構造問題に苦しむ人の存在に気づいたら、それを取材して書くということ。人の苦しみや悲しみを数字で見てはいけないと、心に留めるようにしている。世に出る出版物のなかには、〝平均点〟をとろうと数字で見るあまり、つまらなくなるものが少なくない。売れるためだけの企画ありきの出版や報道は、学校と同様、つまらない。人の目となり耳となり、歩いて見て聞く。現場の声に気づいた者が書く。型にはまらず〝平均点〟を狙わない、私らしい原稿を書くには、取材を重ねて事実を積み重ねるしかない。

終章で書いた「わが道をゆく」は、私の母校、茨城県立水戸第一高校からきている。自由と多様性が認められてきた母校が創立130周年を迎えた2008年、一泊二日かけて行われる伝統行事の「歩く会」が60回を重ねたことを記念し「わが道をゆく」というブロンズ像が建立された。台座には「これまでの伝統を受け継ぎ、新しい歴史の創造に向かって力強く前進していく願いが託されている」と刻まれている。

ものごとを斜めに見て反発し、皆と同じではつまらないと悩みも迷いも多かった高校3年生の時、教室で担任の青山孝明先生から「ノブレス・オブリージュ」の意味を教わり、水戸一高生があるべき姿を説かれたことがあった。その時の言葉が後に私の心に響いて、報道姿勢の原点となった。回り道をしながらたどり着いた「わが道」は、天職だと思えている。高校生の時から〝勉強〟以外に目が向いたが、おそらく40代の今が最も学ぶ意欲がある。先生の教えがいつ実を結ぶのか、それは誰にも分からない。

偏差値や合格進学率などの数字のみで教育の成果とすることは無意味だ。母校をはじめ、現在の高等教育機関は、真にノブレス・オブリージュを教える場となっているだろうか。義務教育のあとの教育も、今後、重要なテーマになるだろう。

編集担当者の上田麻里さんと約8年前から温めてきた教育現場をテーマとした『ルポ　学校がつまらない』は、岩波書店で新書を含めて6冊目の出版となった。単行本の刊行は本書が13年ぶりとなる。これまで岩波書店では、編集者の中山永基さんと単行本『ルポ〝正社員〟の若者たち』(2008年)、

『ルポ　職場流産』（２０１１年）を刊行した。前著は発刊から15年を経た２０２３年11月に中国で翻訳本が出版された。後著は、過重労働が与える流産への影響についてエビデンスがないなかで問題提起を試みた。その後、新書で上田さんと『ルポ　保育崩壊』（２０１５年）、『ルポ　看護の質』（２０１６年）、『ルポ　保育格差』（２０１８年）を刊行。これらの新書は今でも大学などの入試問題や「赤本シリーズ」で引用されている。上田さんが「何年先も読まれるものとして本を作る」と教えてくれた通り、何年にもわたって読まれている。それだけ、書く責任を伴う。

現在は独立して「地平社」を立ち上げた、雑誌『世界』の編集長だった熊谷伸一郎さんの伴走で取り組んだ保育士の賃金や保育園の財務についての調査報道やルポは、書籍とともに国会や自治体議会で度々取り上げられ、施策に反映されることもあった。

私たちには、時代の証言を活字で残すことの責任がある。これまで取材・執筆を続けてこられたのは、上田さんをはじめとする多くの編集者や読者の存在、取材を通して知り合った人々のおかげだ。感謝せずにはいられない。

そしてふとした時に思い出す、学校で先生に言われた言葉の数々――。小学校、中学校、高校、大学と、今も連絡をとれる先生は貴重な存在で、今になって「もっと教えてほしい」と思っている。小学3年生で担任だった石川富子先生の影響で勉強や読書、作文、図画工作や書写だけでなく、当時は掃除まで好きになった。自分が思うように手を動かしてできた作品を、大切に見てもらった。小学校を卒業してから約30年後、先生を訪ねた。高校時代に水戸一高で教鞭をとっていた石川格先生とも１

年半ほど前に再会。卒業後に先生夫婦と昔話に華を咲かせ、今ある悩みを相談できることは、やはり貴重だ。そういう出会いが望める教育現場であってほしい。

本書が完成するまでの間、雑誌やインターネットのニュースサイトでも中学受験など「学校がつまらない」ことで起こる出来事についてタイムリーに問題提起してきた。直近では、「ルポ 子どもたちの拒絶」(『世界』2022年11月号)、「生徒の動画を撮る〝問題教師〟もクビにならぬ背景」(東洋経済オンライン、2023年9月29日)、特集「日本の教育が危ない」(『Wedge』2023年11月号)、講談社のインターネットサイト「コクリコ」(2024年1月16日、19日、20日、26日)、特集「過熱! 中学受験狂騒曲」(『週刊東洋経済』2024年2月3日号)、特集「あなたの日常が危ない 現場搾取社会を変えよう」(『Wedge』2024年7月号)などでも執筆している一部を加筆して、本書にも残している。多くの人に知ってもらいたい。

フリーランスになって活動を始めて、もうすぐ18年。単著で13冊目、共著も含めて15冊目となった『ルポ 学校がつまらない』は、筆者が49歳になってすぐの上梓となった。

今を生き、わが道をゆく——。これからも、そうありたい。

2024年11月5日

小林美希

小林美希
1975年茨城県生まれ．水戸第一高校，神戸大学法学部卒業後，株式新聞社，毎日新聞社『エコノミスト』編集部記者を経て，2007年よりフリーに．就職氷河期世代の雇用，結婚，出産・育児と就業継続などの問題を中心に活躍．2013年，「「子供を産ませない社会」の構造とマタニティハラスメントに関する一連の報道」で貧困ジャーナリズム賞受賞．
著書　『ルポ　正社員になりたい』(影書房，2007年日本労働ペンクラブ賞受賞)，『ルポ“正社員”の若者たち』『ルポ保育崩壊』『ルポ　看護の質』『ルポ　保育格差』(以上，岩波書店)，『ルポ　産ませない社会』(河出書房新社)，『ルポ　母子家庭』(筑摩書房)，『夫に死んでほしい妻たち』(朝日新聞出版)，『年収443万円』(講談社)など多数．

ルポ 学校がつまらない――公立小学校の崩壊

2024年11月 7 日　第1刷発行
2024年12月13日　第2刷発行

著　者　小林美希《こばやしみき》

発行者　坂本政謙

発行所　株式会社 岩波書店
〒101-8002 東京都千代田区一ツ橋2-5-5
電話案内 03-5210-4000
https://www.iwanami.co.jp/

印刷・理想社　カバー・半七印刷　製本・松岳社

ISBN 978-4-00-061670-6　Printed in Japan